Títulos relacionados

ADGD0208
GESTIÓN INTEGRADA DE RECURSOS HUMANOS
[DISPONIBLE CERTIFICADO COMPLETO]

ADGN0108
FINANCIACIÓN DE EMPRESAS
[DISPONIBLE CERTIFICADO COMPLETO]

ADGD0108
GESTIÓN CONTABLE Y GESTIÓN ADMINISTRATIVA PARA AUDITORÍA
[DISPONIBLE CERTIFICADO COMPLETO]

ADGG0308
ASISTENCIA DOCUMENTAL Y DE GESTIÓN EN DESPACHOS Y OFICINAS
[DISPONIBLE CERTIFICADO COMPLETO]

Solicítalos en:

- Librería
- www.paraninfo.es
- Solicitudes nacionales +34 914 463 350
- Solicitudes fuera de España +34 913 308 907, +34 913 308 919

Aplicaciones informáticas para presentaciones: gráficas de información UF0323

Óscar Sánchez Estella

Diseño y maquetación: Ediciones Nobel

ISBN: 978-84-283-6308-2
Depósito legal: M-24820-2023
Impresión: Tórculo Comunicación Gráfica (Santiago de Compostela)

Impreso en España

Índice

Introducción normativa

La Ley Orgánica 5/2002, de 19 de junio, de las Cualificaciones y de la Formación Profesional fue el primer texto legislativo que reguló de forma exclusiva las enseñanzas profesionales en España. Una de sus novedades consistió en relacionar directamente la formación con el empleo, permitiendo las convalidaciones y equivalencias entre la Formación Profesional del sistema educativo, la Formación Profesional para el empleo, y experiencia laboral. Para poder desarrollar estas medidas se creó el Sistema Nacional de Cualificaciones Profesionales y dos instrumentos básicos: el Catálogo Nacional de Cualificaciones Profesionales y el Catálogo Modular de Formación Profesional.

Las Cualificaciones Profesionales responden a la iniciativa que impulsa el Marco Europeo de las Cualificaciones (EQF), para facilitar un espacio abierto de aprendizaje y de empleo, así como la adecuación entre oferta y demanda no solo a nivel estatal, sino entre los distintos países.

El Catálogo Nacional de Cualificaciones Profesionales ordena las cualificaciones profesionales, incluyendo el contenido de la formación profesional asociada a cada cualificación, de acuerdo con una estructura de módulos formativos articulados en un Catálogo Modular de Formación Profesional. Entre sus principales objetivos tiene el posibilitar la integración de las ofertas de formación profesional, adecuándolas a las características y demandas del sistema productivo.

Para conseguirlo, este Catálogo, además de identificar y definir las cualificaciones profesionales que requiere el sistema productivo, establece los contenidos formativos básicos que resultan necesarios para que las ofertas formativas garanticen la adquisición de las competencias profesionales apropiadas para el desempeño profesional.

Las Cualificaciones Profesionales se acreditan mediante "Títulos" de Formación Profesional del sistema educativo, y Certificados de Profesionalidad de Formación para el Empleo. Ambas acreditaciones tienen carácter oficial y son válidas en todo el Estado.

Los contenidos asociados a las cualificaciones profesionales constituyen el Catálogo Modular de Formación Profesional, que se estructura en módulos formativos.

Mediante la superación de los módulos formativos, diseñados en itinerarios específicos para cada Cualificación Profesional, se puede obtener el Certificado de Profesionalidad correspondiente. Además, se posibilita la convalidación de determinados módulos profesionales incluidos en los títulos de Formación Profesional del sistema educativo, asociados a Unidades de Competencia comunes.

El Certificado de Profesionalidad es, por tanto, el instrumento de acreditación, en el ámbito de la Administración laboral, de las cualificaciones profesionales incluidas en el Catálogo Nacional de Cualificaciones Profesionales, adquiridas a través de procesos formativos o mediante procedimientos de reconocimiento de competencias profesionales adquiridas por experiencia laboral o vías no formales de formación, regulados por el Real Decreto 1224/2009, de 17 de julio.

ESTRUCTURA DE UNA CUALIFICACIÓN

DATOS DE IDENTIFICACIÓN
Denominación
Nivel
Competencia general
Entorno profesional

UNIDADES DE COMPETENCIA		FORMACIÓN ASOCIADA
Unidad de competencia 1	⟷	Módulo formativo 1
Unidad de competencia 2	⟷	Módulo formativo 2
Unidad de competencia N	⟷	Módulo formativo N

Las cualificaciones profesionales se estructuran en unidades de competencia, que se definen como agrupaciones de tareas productivas específicas que debe realizar el profesional. Las diferentes unidades de competencia de un certificado de profesionalidad conforman la Competencia General, definiendo el conjunto de conocimientos y capacidades que permiten el ejercicio de una actividad profesional determinada.

Cada unidad de competencia lleva asociado un módulo formativo, donde se describe la formación necesaria para adquirir esa unidad de competencia, pudiendo dividirse en unidades formativas.

El módulo formativo es el bloque coherente de formación asociado a cada una de las unidades de competencia que configuran la cualificación. Cada módulo formativo tiene un formato normalizado que incluye los datos de identificación y las especificaciones de la formación que se incluyen en las ofertas formativas conducentes a la obtención de los certificados de profesionalidad.

DATOS DE IDENTIFICACIÓN:

— Denominación.
— Nivel de cualificación al que se vincula.
— Unidad de competencia a la que está asociado.
— Código alfanumérico y duración en horas.

ESPECIFICACIONES DE LA FORMACIÓN:

— Capacidades: expresión de los resultados esperados de las personas en situación de aprendizaje al finalizar el Módulo Formativo.

— Criterios de evaluación: conjunto de precisiones para cada capacidad que indican el grado de concreción aceptable de la misma. Delimitan el alcance y nivel de la capacidad y el contexto en el que va a ser evaluada.

— Contenidos formativos necesarios para adquirir las competencias a las que se asocia. Requisitos básicos del contexto formativo: espacios e instalaciones y perfil profesional del formador. Estos requisitos tienen carácter orientador para la normativa básica reguladora de las ofertas formativas.

El presente libro desarrolla la unidad formativa denominada *Aplicaciones informáticas para presentaciones: gráficas de información*, UF0323.

Dicha unidad formativa es transversal y está asociada a la unidad de competencia UC0233_2, forma parte del módulo formativo MF0233_2 *Ofimática* y está vinculada a la Cualificación Profesional de referencia que proceda en función de su transversalidad ya que es parte de diversos certificados de profesionalidad regulados cada uno de ellos por los RD que corresponda en cada caso.

Los contenidos que en esta obra se recogen se corresponden con una duración de 30 horas formativas.

Tanto la estructura como el desarrollo del libro se ajustan al citado real decreto y más concretamente a los contenidos de la unidad formativa que le da título *Aplicaciones informáticas para presentaciones: gráficas de información*, UF0323.

Contenidos

Introducción a Microsoft 365

1. **Diseño, organización y archivo de las presentaciones**
   - La imagen corporativa de una empresa:
     - Importancia.
     - Respeto por las normas de estilo de la organización.
   - Diseño de las presentaciones:
     - Claridad en la información.
     - La persuasión en la transmisión de la idea.
   - Evaluación de los resultados.
   - Organización y archivo de las presentaciones:
     - Confidencialidad de la información.
   - Entrega del trabajo realizado.
2. **Introducción y conceptos generales.**
   - Ejecución de la aplicación para presentaciones.
   - Salida de la aplicación para presentaciones.
   - Creación de una presentación.
   - Estructura de la pantalla.
   - Grabación de una presentación.
   - Cierre de una presentación.
   - Apertura de una presentación.
   - Las vistas de la aplicación para presentaciones:
     - Normal.
     - Clasificador de diapositivas.
     - Esquema.
3. **Acciones con diapositivas.**
   - Inserción de nueva diapositiva.
   - Eliminación de diapositivas.
   - Duplicación de diapositivas.
   - Ordenación de diapositivas.
4. **Trabajo con objetos.**
   - Selección de objetos.
   - Desplazamiento de objetos.
   - Eliminación de objetos
   - Modificación del tamaño de los objetos.
   - Duplicación de objetos.
   - Reubicación de objetos.
   - Alineación y distribución de objetos dentro de la diapositiva.

- Trabajo con textos:
  - Inserción de texto (desde la diapositiva, desde el esquema de la presentación).
  - Modificación del formato del texto.
- Formatos de párrafos:
  - Alineación.
  - Listas numeradas.
  - Viñetas.
  - Estilos.
- Tablas:
  - Creación de tablas.
  - Operaciones con filas y columnas.
  - Alineación horizontal y vertical de las celdas.
- Dibujos:
  - Líneas.
  - Rectángulos y cuadrados.
  - Círculos y elipses.
  - Autoformas.
  - Sombras y 3D.
  - Reglas y guías.
- Utilización de imágenes prediseñadas e insertadas.
- Creación de organigramas y diferentes estilos de diagramas.
- Inserción de sonidos y películas.
- Utilización de formato de objetos:
  - Rellenos.
  - Líneas.
  - Estilos.

5. **Documentación de la presentación.**
   - Inserción de comentarios.
   - Preparación de las notas del orador.
   - Hipervínculos.

6. **Diseños o estilos de presentación.**
   - Uso de plantillas de estilos.
   - Combinación de colores.
   - Fondos de diapositivas.
   - Diseñador.

7. **Impresión de diapositivas en diferentes soportes.**
   - Configuración de la página.
   - Pies y numeración.
   - Configuración de los distintos formatos de impresión.
   - Opciones de impresión.

8. Presentación de diapositivas teniendo en cuenta lugar e infraestructura.

— Animación de elementos.
— Transición de diapositivas.
— Conexión a un proyector y configuración.
— Ensayo de la presentación.
— Proyección de la presentación.
— Trabajo colaborativo con Teams.

Introducción a Microsoft 365

En abril de 2020 la empresa Microsoft realizó una modificación sustancial de lo que hasta entonces se denominaba **Office 365**, la versión *cloud* (en la nube) de sus aplicaciones más emblemáticas (Word, Excel, PowerPoint y Outlook), en las que, bajo el pago de una suscripción, se tenía acceso a las mencionadas aplicaciones.

Esta modificación supuso, en primer lugar, el cambio de denominación, pasándose a llamar **Microsoft 365**, enriqueciendo la versión anterior con inteligencia artificial (IA), plantillas optimizadas y experiencias potenciadas por la nube, entre otras cosas.

A fecha de realización de este libro, se disponen de planes de precios **para el hogar** y planes de precios **para empresas**, siendo éstos los siguientes:

Para el hogar

Recomendado para 2-6 personas

Microsoft 365 Familia

99,00 €/año

- Para un máximo de seis personas.
- Utiliza hasta cinco dispositivos a la vez.
- Funciona en PC, Mac, iPhone, iPad y teléfonos y tabletas Android.[4]
- Hasta 6 TB de almacenamiento en la nube (1 TB por persona).
- Funciones adicionales en la aplicación móvil Family Safety.[1]

Microsoft 365 Personal

69,00 €/año

- Para una persona.
- Utiliza hasta cinco dispositivos a la vez.
- Funciona en PC, Mac, iPhone, iPad y teléfonos y tabletas Android.[4]
- 1 TB de almacenamiento en la nube.

Para empresas

Microsoft 365 Empresa Básico

5,10 € por usuario al mes

(Suscripción anual: se renueva automáticamente)[1]
El precio no incluye IVA.

Comprar ahora

Probar gratis durante un mes[2] >

- Versiones web y móviles solo de las aplicaciones de Office
- Chatea, llama o reúnete con 300 asistentes
- 1 TB de almacenamiento en la nube por usuario
- Correo electrónico de categoría empresarial
- Seguridad estándar
- Soporte ininterrumpido por teléfono y a través de la web

Aplicaciones y servicios web y móviles:[3,4]

Word · Excel · PowerPoint · Teams · Outlook · Exchange · OneDrive · SharePoint

Aplicaciones de Microsoft 365 para negocios

8,80 € por usuario al mes

(Suscripción anual: se renueva automáticamente)[1]
El precio no incluye IVA.

Comprar ahora

Probar gratis durante un mes[2] >

- Versiones de escritorio de aplicaciones de Office con características premium
- 1 TB de almacenamiento en la nube por usuario
- Seguridad estándar
- Soporte ininterrumpido por teléfono y a través de la web

Aplicaciones y servicios de escritorio, web y móviles:

Word · Excel · PowerPoint · Outlook · OneDrive · Access (solo PC) · Publisher (solo PC)

Microsoft 365 Empresa Estándar

10,50 € por usuario al mes

(Suscripción anual: se renueva automáticamente)[1]
El precio no incluye IVA.

Comprar ahora

Probar gratis durante un mes[2] >

Todo lo que incluye la versión Empresa Básico, y además:

- Versiones de escritorio de aplicaciones Office con características premium
- Seminarios web hospedados con facilidad
- Registro de asistentes y herramientas de informes
- Administrar citas de clientes

Aplicaciones y servicios de escritorio, web y móviles:

Word · Excel · PowerPoint · Teams · Outlook · OneDrive · SharePoint · Exchange

Microsoft 365 Empresa Premium

18,60 € por usuario al mes

(Suscripción anual: se renueva automáticamente)[1]
El precio no incluye IVA.

Comprar ahora

Probar gratis durante un mes[2] >

Todo lo que incluye la versión Empresa Estándar, y además:

- Seguridad avanzada
- Control de datos y acceso
- Protección contra ciberamenazas

Aplicaciones y servicios de escritorio, web y móviles:

Word · Excel · PowerPoint · Teams · Outlook · OneDrive · SharePoint · Exchange

Las diferencias que hay en los planes de empresa son los que puedes ver a continuación:

(✓) Parcialmente incluido ✓ Se incluye + Expandir todo	Microsoft 365 Empresa Básico 5,10 € por usuario al mes El precio no incluye IVA. (Suscripción anual: se renueva automáticamente)[1] Comprar ahora O probar gratis durante un mes[2] >	Aplicaciones de Microsoft 365 para negocios 8,80 € por usuario al mes El precio no incluye IVA. (Suscripción anual: se renueva automáticamente)[1] Comprar ahora O probar gratis durante un mes[2] >	Microsoft 365 Empresa Estándar 10,50 € por usuario al mes El precio no incluye IVA. (Suscripción anual: se renueva automáticamente)[1] Comprar ahora O probar gratis durante un mes[2] >	Microsoft 365 Empresa Premium 18,60 € por usuario al mes El precio no incluye IVA. (Suscripción anual: se renueva automáticamente)[1] Comprar ahora O probar gratis durante un mes[2] >
+ Trabajo en equipo y comunicación	(✓)		✓	✓
+ Versiones web y móviles de las aplicaciones de Office	✓	✓	✓	✓
+ Correo electrónico y calendario	(✓)		(✓)	✓
+ Almacenamiento y uso compartido de archivos	✓	✓	✓	✓
+ Seguridad y cumplimiento	(✓)	(✓)	✓	(✓)
+ Soporte técnico e implementación	✓	✓	✓	✓
+ Herramientas para desarrollar y administrar tu empresa	✓	(✓)	✓	✓
+ Versiones de escritorio de aplicaciones de Office para equipos PC y Mac		✓	✓	✓
+ Protección contra amenazas avanzada				✓
+ Administración de PC y dispositivos móviles				✓

Debes tener en cuenta que con la suscripción a Microsoft 365 todas las aplicaciones y los datos se encuentran en la nube, lo que permitirá, entre otras cosas, lo siguiente:

- Tener toda la información protegida frente a ciberataques.
- Almacenar datos en la nube para acceder a ellos desde cualquier lugar y momento.
- Ser más productivo, al tener todas las aplicaciones en un mismo lugar.
- Gracias a la aplicación Teams, puedes realizar chats o reuniones en línea.
- Obtener actualizaciones periódicas, de tal forma que siempre tienes actualizadas las aplicaciones.

Una vez que hemos comprado una suscripción solo nos queda acceder a las aplicaciones a través de la web, utilizando para ello la dirección https://www.office.com/, apareciéndonos la siguiente ventana.

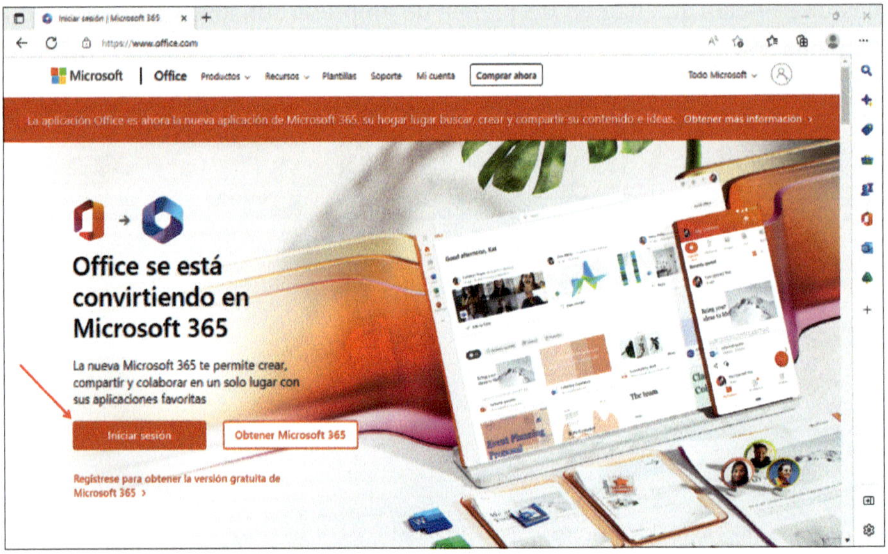

Una vez que hayamos hecho clic en el botón **Iniciar sesión** nos aparecerá un cuadro de diálogo para que escribamos la dirección de correo electrónico con la que nos hemos suscrito, tal y como puedes ver en la siguiente imagen.

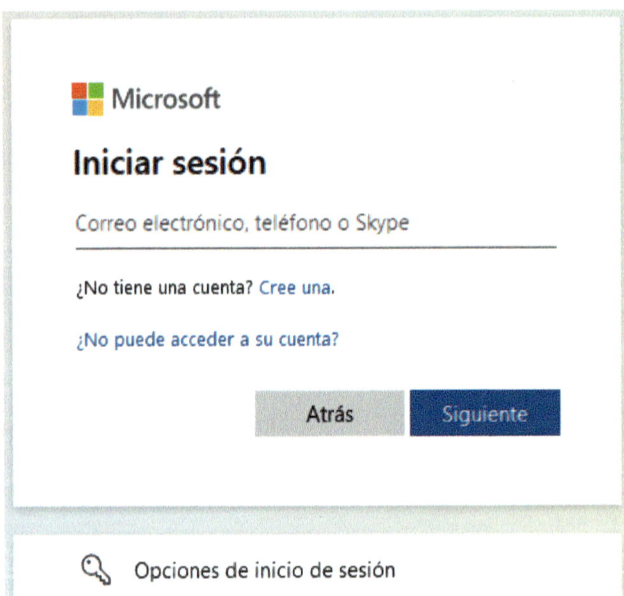

Al pulsar sobre el botón **Siguiente** nos solicitará la contraseña.

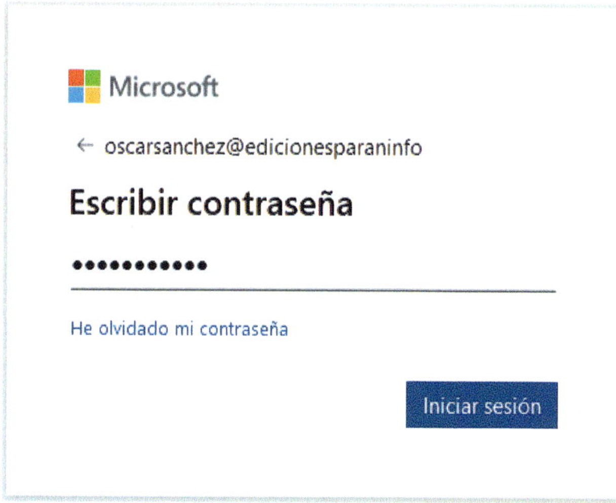

Al pinchar en el botón **Iniciar sesión**, ¡¡ya podrás disfrutar de tu suscripción!!

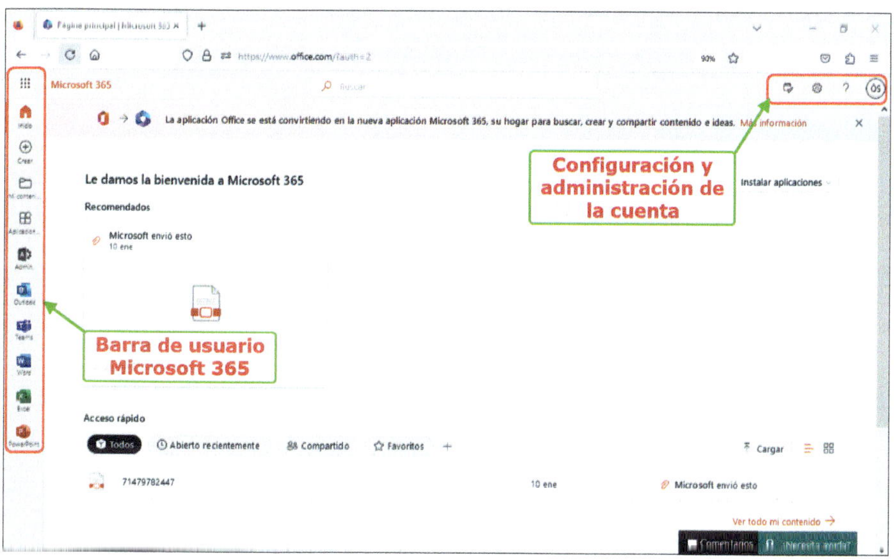

Desde la parte superior derecha de la ventana podemos configurar y administrar nuestra cuenta con la que hemos realizado la suscripción, disponiendo de las siguientes opciones:

	Acceso al calendario, desde el cual podrás añadir eventos y tareas.
	Acceso a la configuración de: los colores y fuentes de la ventana (temas), el idioma y la zona horaria, la contraseña y el contacto.
	Acceso a la ayuda.
	Acceso a la configuración de la cuenta de la suscripción.

En la barra de usuario del lateral izquierdo se muestran las siguientes opciones:

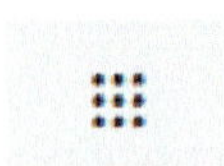	Iniciador de aplicaciones. Al pulsar sobre este icono se podrá acceder a todas las aplicaciones disponibles con la suscripción, así como a los documentos vistos recientemente.
	Regresa a la pantalla inicial.
	Permite crear un archivo de cualquiera de las aplicaciones disponibles.
	Acceso a todos los archivos abiertos con cualquiera de las aplicaciones Microsoft 365.
	Acceso a todas las aplicaciones disponibles.
	Acceso al centro de administración de Microsoft 365.

	Acceso rápido a las aplicaciones que indica cada uno de los iconos.

En este libro vamos a explicar la hoja de cálculo **Excel**, ocupándonos de la versión Microsoft 365 Empresa Básico, es decir, la **versión web de PowerPoint**.

Esto implica que algunas de las características existentes en la versión de escritorio no lo están en la versión web. Algunas de estas características son:

- Inserción de gráficos.
- Texto artístico (WordArt).
- Patrones de diapositivas.
- Encabezado.
- Configuración de la presentación.

Como se puede comprobar, algunas de estas opciones podrían considerarse como opciones avanzadas de PowerPoint, por lo que, para un usuario básico, esta versión se puede utilizar sin mayores dificultades.

1. Diseño, organización y archivo de las presentaciones

Introducción

Una presentación gráfica es un conjunto de elementos —denominados a menudo «diapositivas»— con texto, imágenes y, en ocasiones, vídeos y sonido, que se visualizan en pantalla y se suceden con unas ciertas transiciones entre ellas.

Gracias al abaratamiento de los proyectores de vídeo, su uso es cada vez es más frecuente en cualquier tipo de presentación pública: una ponencia, una charla, una intervención ante una junta o un grupo de clientes. El empleo de las presentaciones gráficas se ha extendido también como forma de compartir información, esquemas y conocimientos a través de internet.

Contenido

1.1. La imagen corporativa de una empresa

En la actualidad, la realización de una presentación como apoyo audiovisual a una exposición oral, constituye una gran ventaja y con ella el orador, si está bien preparada, consigue más de un 50 % de su éxito. No debemos olvidar que más del 60 % de lo que aprendemos procede del sentido de la vista.

Toda empresa u organización debe ser consciente de que una presentación consigue convencer con más facilidad a los oyentes, otorgando al conferenciante mayor importancia y realzando sus cualidades, ya que la audiencia percibe un grado de preparación y una adecuada exposición del tema.

El tiempo es otro factor importante a tener en cuenta, ya que las exposiciones con apoyo audiovisual suelen durar la mitad del tiempo que las que solo se realizan de manera verbal, concediendo al presentador más tiempo para realizar aclaraciones sobre algunos puntos y dialogar con los oyentes.

Por todo esto, toda organización que presente o realice una exposición de sus productos, de su idea, etc., ve favorecida su imagen.

1.2. Diseño de las presentaciones

Al realizar una presentación, si se desea tener una secuencia estructurada de cómo realizarla, es recomendable llevar a cabo los siguientes pasos:

1. Reconoce tu audiencia, tu finalidad, el método de presentación (personal o automática) y los recursos existentes.
2. Establece un diseño, que puede ser determinado o no por el uso de plantillas.
3. Desarrolla primero el contenido, para luego acomodar el lenguaje visual y los efectos multimedia.
4. Considera la posibilidad de crear información impresa tanto de carácter informativo para los asistentes, como de ayuda para el que realiza la presentación.
5. Ensaya y...
6. ¡A presentar!

1.3. Evaluación de los resultados

En el apartado anterior hemos visto los pasos que son recomendables seguir a la hora de preparar una presentación. No obstante, y a modo de paréntesis entre esos seis pasos, debe haber una evaluación *a priori* y otra *a posteriori*.

La primera alude a que el proceso de la creación de una presentación no termina cuando está realizada, ya que cuando se está en el proceso de creación se corre el riesgo de perder los objetivos de la misma.

Esta evaluación debe estar contrastada con otra realizada al final de todo el proceso y que deberá centrarse en las siguientes variables:

- Eficacia del medio para la consecución de los objetivos. En el caso de que haya discrepancias, habrá que plantear tanto el diseño de la presentación como su adecuación a esos objetivos.
- Recursos utilizados y su operatividad.

1.4. Organización y archivo de las presentaciones

En algunas ocasiones las presentaciones realizadas por las organizaciones presentan datos protegidos por la Ley de Protección de Datos, por lo que hay que ser muy cuidadoso a la hora de proceder a su distribución y a la hora de archivarlas.

1.5. Entrega del trabajo realizado

Al elaborar una presentación debe seguirse una secuencia de pasos que garanticen la calidad de la misma y el cumplimiento de los objetivos:

- Estudiar la audiencia a la que la presentación va destinada y el contexto en el que debe utilizarse.
- Establecer un diseño, aspecto en el que habrá que tomar en consideración las cuestiones planteadas anteriormente, en el apartado 1 de este tema.
- Desarrollar el contenido y posteriormente incluir el aparato gráfico y multimedia, así como las posibles animaciones y transiciones entre diapositivas.
- Ensayar la presentación y su acompasamiento con la exposición oral.

2. Introducción y conceptos generales

Introducción

En el mercado hay varias aplicaciones que nos permiten la creación de presentaciones gráficas, siendo *Microsoft PowerPoint* una de ellas. Las presentaciones son imprescindibles hoy en día ya que permiten comunicar información e ideas de forma visual y atractiva. Se pueden utilizar presentaciones en la enseñanza como apoyo al profesor para desarrollar un determinado tema, para exponer resultados de una investigación, en la empresa para preparar reuniones, para presentar los resultados de un trabajo o los resultados de la empresa, para presentar un nuevo producto, etc.

Con PowerPoint 365 podemos crear presentaciones de forma fácil y rápida pero con gran calidad ya que incorpora gran cantidad de herramientas que nos permiten personalizar hasta el último detalle.

Contenido

2.1. Ejecución de la aplicación para presentaciones

Para comenzar a utilizar la aplicación basta con acceder a la dirección https://www.office.com e iniciar la sesión con nuestra cuenta.

Una vez que has iniciado sesión en Microsoft 365, la aplicación se abre haciendo clic en icono **Excel** de la barra de usuario del lateral izquierdo, tal y como te hemos explicado anteriormente.

Al hacer clic en este icono se abre una ventana nueva en el navegador, disponiendo de varias opciones, como crear nuevo **Presentación en blanco**, crear una presentación tomando como base un **Tema** (o plantilla) o abrir una presentación **existente**. Más adelante te explicaremos todas estas opciones.

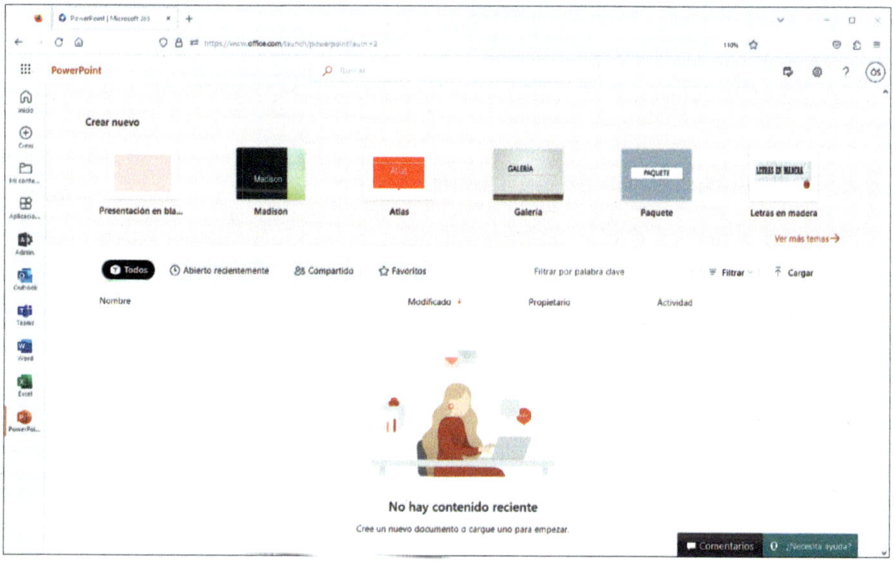

2.2. Salida de la aplicación para presentaciones

Dado que estamos trabajando con una ventana del navegador, las posibilidades existentes para salir del programa son varias:

- Icono cerrar de la *Barra de título*

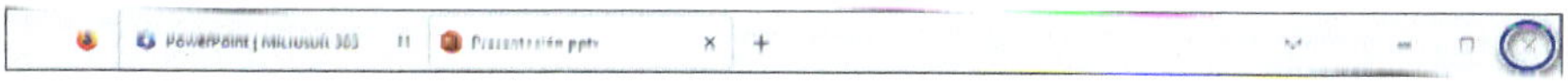

- Si el navegador cuenta con barra de menús, basta con desplegar el menú Archivo y seleccionar la opción *Cerrar*. En la siguiente imagen te mostramos cómo se haría en Mozilla Firefox (recuerda que la barra de menú se muestra pulsando la tecla *Alt*)

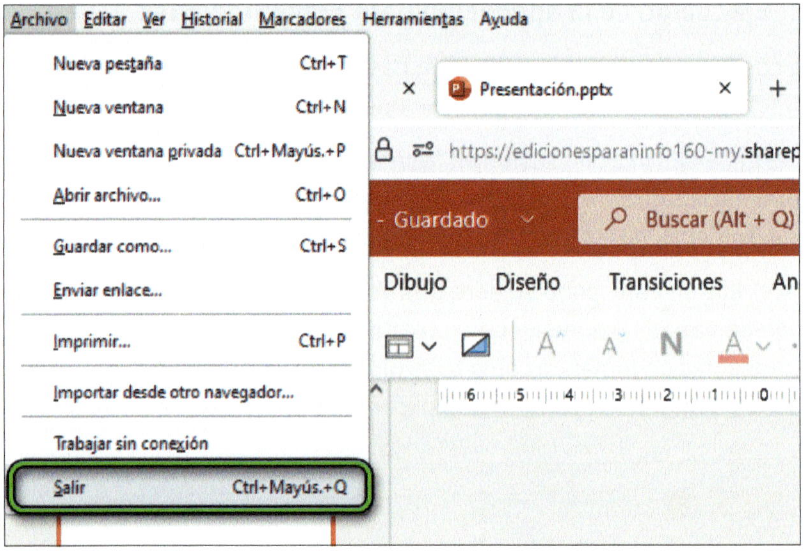

2.3. Creación de una presentación

Tal y como te hemos explicado anteriormente, cuando se hace clic en el icono PowerPoint de la barra de usuario del lateral izquierdo, se abre una nueva ventana en el navegador, en la cual se puede escoger varias opciones, como crear una Presentación en blanco o crear una presentación tomando como base un Tema (o Plantilla).

No obstante, la creación de una presentación, además se realiza a través de la ficha ***Archivo***, seleccionando la opción *Nuevo*, apareciendo un cuadro de diálogo como el que se muestra en la siguiente figura.

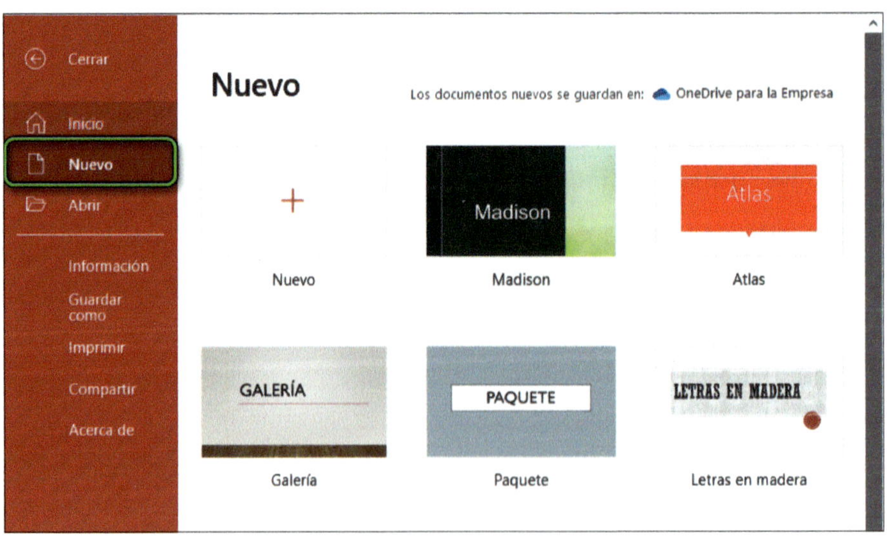

Tal y como puedes comprobar, se puede crear una presentación en blanco o crear una presentación a través de una de las plantillas que tienes disponibles, lo que supondrá que te aparecerá una estructura definida de todas las diapositivas, como el color, el tipo y tamaño de letra, etc.

2.4. Estructura de la pantalla

Cuando abrimos PowerPoint 365, encontraremos los siguientes elementos distribuidos en su espacio de trabajo:

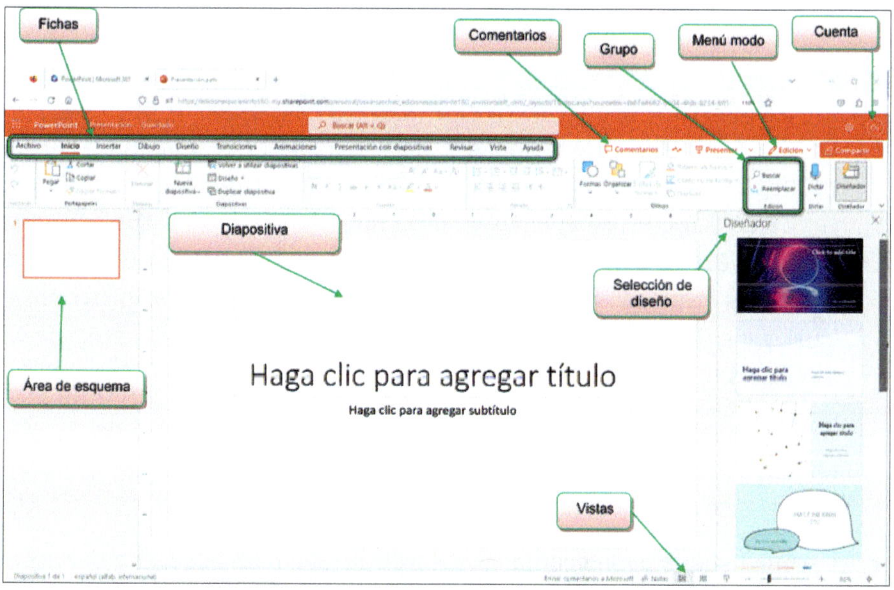

- En la parte superior de la pantalla observamos los nombres de las diversas **fichas** disponibles, con las que accederemos a las diversas funciones de PowerPoint. Cuando pulsamos en una de ellas, se abren diversos botones en una cinta de opciones situada bajo los nombres identificativos de las fichas. Dichos botones se agrupan en **grupos** con una cierta unidad lógica.

  Así, por ejemplo, en la ficha ***Inicio*** disponemos de los grupos ***Portapapeles, Diapositivas, Fuente, Párrafo, Dibujo***, etc. Esta cinta de opciones se puede minimizar pulsando en el triángulo de la esquina inferior derecha de la misma.

- La **zona de trabajo** está ocupada por la diapositiva actual o activa, en la que, según el diseño o formato de la misma, aparecen indicados los lugares en los que se pueden insertar texto u objetos.

- A la izquierda de la diapositiva activa (área de esquema), aparece una lista vertical con las miniaturas de todas las diapositivas de la presentación;

esta lista resulta muy útil para acceder a ellas de manera rápida. Si el número de diapositivas es grande, aparecerá en esta lista de miniaturas una barra de desplazamiento vertical para movernos por ella.

- Cuando la diapositiva actual no cabe en la parte de la ventana reservada para ella, aparecerán a su derecha y bajo ella sendas *barras de desplazamiento* con las que podremos movernos por la diapositiva vertical y horizontalmente.
- Debajo de la diapositiva disponemos de un área de notas para agregarle anotaciones. Estas notas son específicas para cada diapositiva y no se muestran cuando proyectamos o visualizamos el documento como presentación. Si no podemos ver la zona para poner las notas, podemos pinchar en la opción *Notas* de la barra de estado.
- En la parte inferior de la ventana, la barra de estado nos proporciona diversas informaciones de la presentación (entre otras, el número de diapositivas). A su derecha disponemos de un control de zoom con el que podemos ajustar la escala de visualización del documento y de varios botones para activar los diversos modos de visualización disponibles en la aplicación. Al igual que en Word y en Excel, podemos modificar fácilmente la escala de visualización pulsando la tecla *Ctrl* y, a la vez, moviendo la rueda de *scroll* del ratón.
- En la zona de la derecha aparece un panel en donde se puede escoger el **diseño** que se quiere dar a la presentación.
- **Cuenta**: usuario de la cuenta Microsoft utilizada para acceder a servicios como Outlook.com (también conocido como hotmail.com, msn.com, live.com), Office Online, OneDrive, Skype, Xbox Live, Bing, Windows o Microsoft Store.
- **Comentarios**: abre el menú lateral derecho para trabajar con las opciones de comentarios.
- **Menú de modo**: esta opción permite elegir los diferentes modos con los que se puede trabajar en PowerPoint, pudiendo elegir entre *Edición* (donde se permite realizar cambios), y *Visualización* (donde solamente se puede ver el archivo sin poder realizar cambios).
- **Compartir**: gracias a esta opción podrás colaborar con otras personas en la realización de la presentación.

A partir de este momento ya estamos en disposición de empezar a crear nuestra presentación agregando a la misma los objetos que se deseen.

2.5. Grabación de una presentación

Esta es una de las grandes diferencias con la versión de escritorio, ya que al estar trabajando continuamente en la nube (OneDrive), la presentación se guarda continuamente. Además, está disponible la opción de ver versiones anteriores del archivo.

Para ello, debes pulsar en el nombre del archivo (disponible en la parte superior de la ventana) y, en el cuadro que se despliega, seleccionar la opción **Historial de versiones**. Se abrirá a la derecha de la ventana el Panel de historial. Lo único que hay que hacer es seleccionar la versión que deseas recuperar.

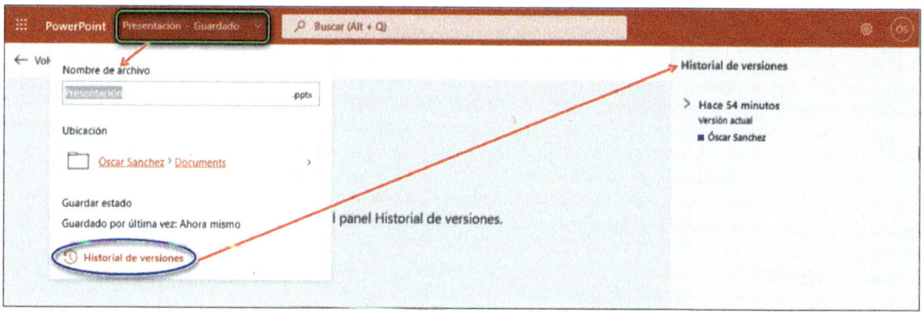

2.6. Cierre de una presentación

Dado que se está trabajando en una pestaña del navegador, para cerrar la presentación bastará con cerrar la pestaña desde la «x» situada en la esquina derecha de la misma. Eso sí, debes tener en cuenta que si es la única pestaña abierta, se cerrará el navegador.

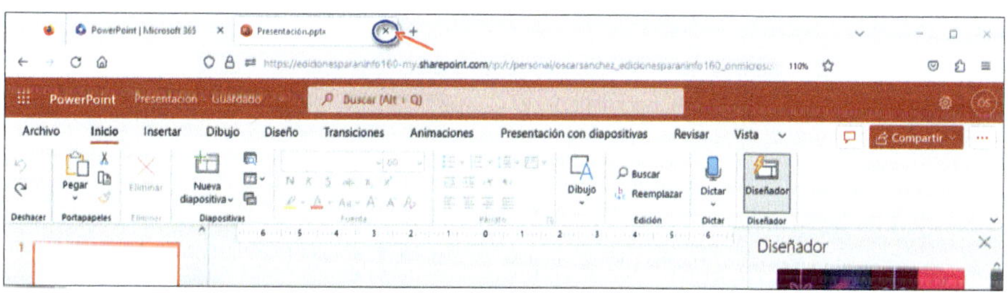

2.7. Apertura de una presentación

Si lo que se desea es abrir una presentación ya creada, disponemos de varias opciones para hacerlo. En el panel principal, al hacer clic en el icono de PowerPoint, nos aparecerán las presentaciones que tenemos en OneDrive, pudiendo ver todas, ver las abiertos recientemente, ver las compartidas o ver las favoritas, tal y como puedes comprobar en la siguiente imagen.

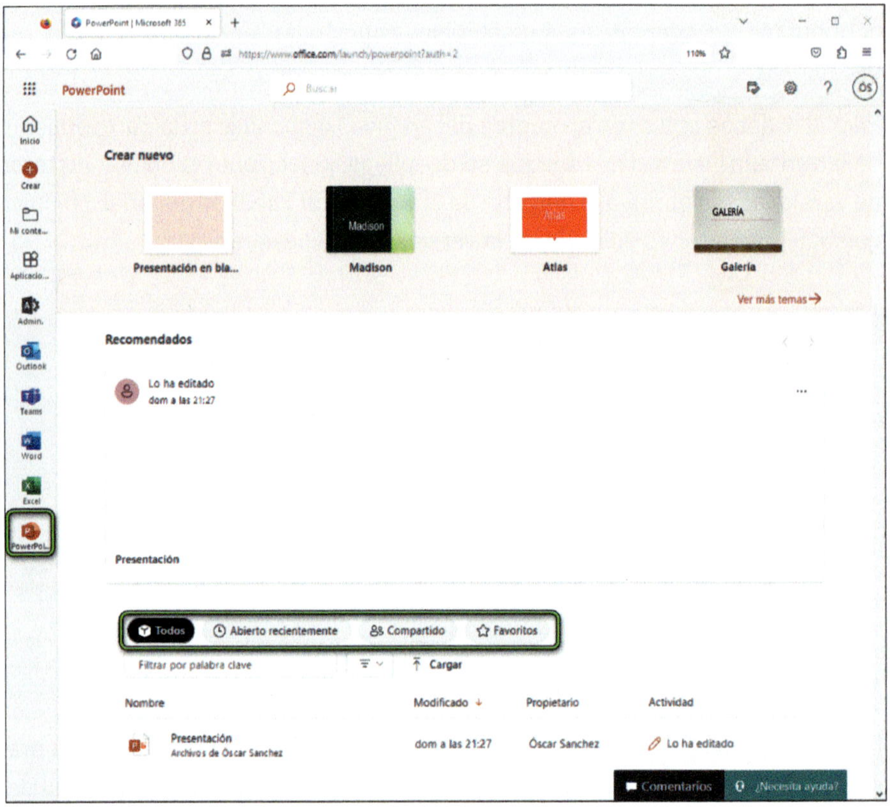

Asimismo, se dispone de un cuadro y un botón **Filtrar** desde los cuales podremos establecer determinados filtros para que solamente aparezcan los documentos que cumplan los requisitos establecidos.

De la misma forma, cuando tenemos en la ventana una presentación podemos abrir otra. Para ello deberemos hacer clic en la ficha ***Archivo*** y seleccionar la opción *Abrir*.

Si dispones de un documento PowerPoint en una unidad de almacenamiento y deseas abrirlo con la versión 365, previamente deberás guardar el archivo en OneDrive. También podrás utilizar la opción **Cargar** de la página principal para que este documento esté disponible en la nube y así poder abrirlo con la aplicación.

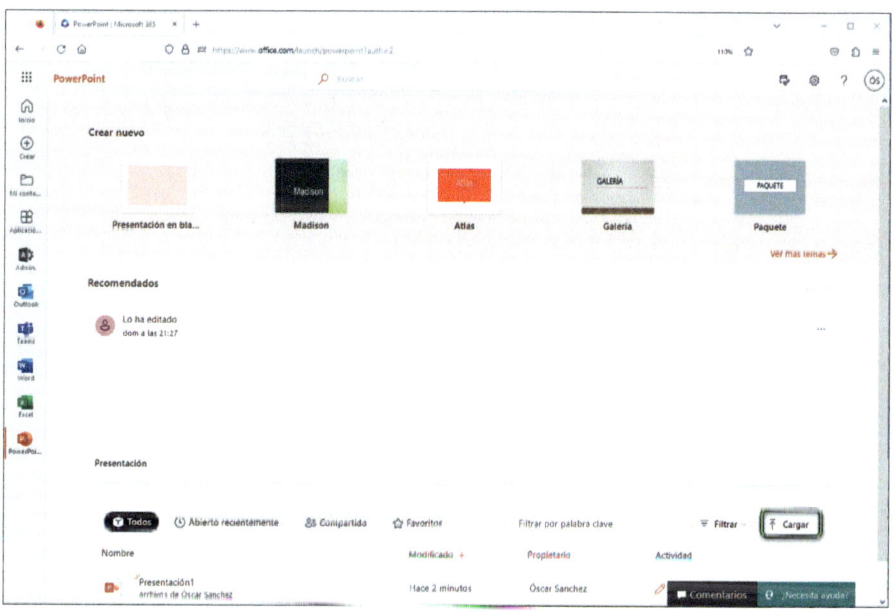

2.8. Descripción de las vistas de la aplicación

El saber manejar los tipos de vistas es muy importante ya que nos va a permitir tener tanto una visión particular de cada diapositiva como una visión global de todas las diapositivas, incluso nos permitirá reproducir la presentación para ver cómo queda al final.

En la barra de estado disponemos de tres botones para controlar las vistas:

También disponemos de la ficha *Vista* en la que podremos alternar entre los distintos tipos de vista.

- Vista normal. Es la que usaremos con mayor frecuencia para crear las diapositivas. Muestra miniaturas de diapositivas a la izquierda, una ventana grande central que muestra la diapositiva actual y una sección inferior donde se pueden escribir las notas de orador para cada diapositiva (si no se visualiza el cuadro para escribir las notas, basta con pulsar en el icono *Notas* de la barra de estado).

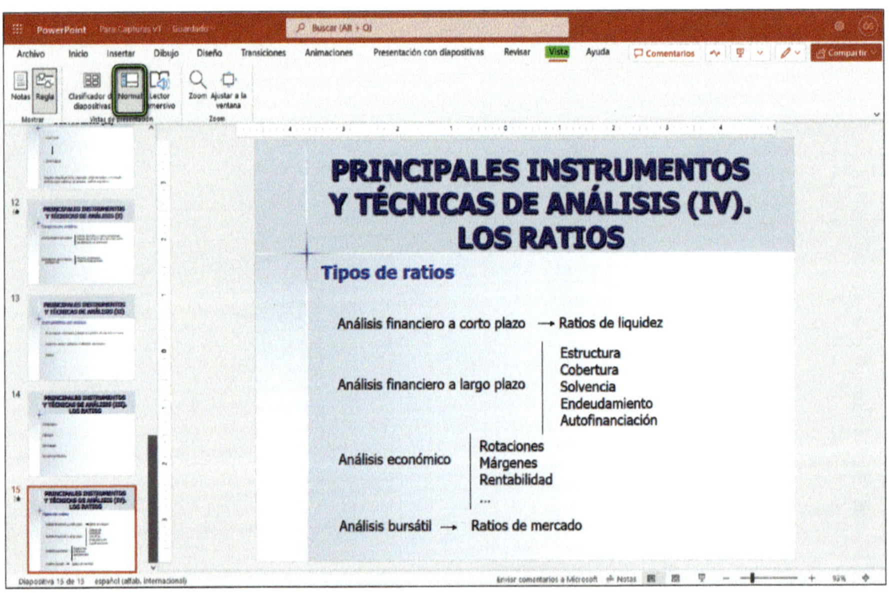

- Vista Clasificador de diapositivas. Este tipo de vista muestra las diapositivas en miniatura y ordenadas por el orden de aparición, orden que como podrás ver aparece junto con cada diapositiva. Con este tipo de vista tenemos una visión más global de la presentación, nos permite localizar una diapositiva más rápidamente y es muy útil para mover, copiar o eliminar las diapositivas.

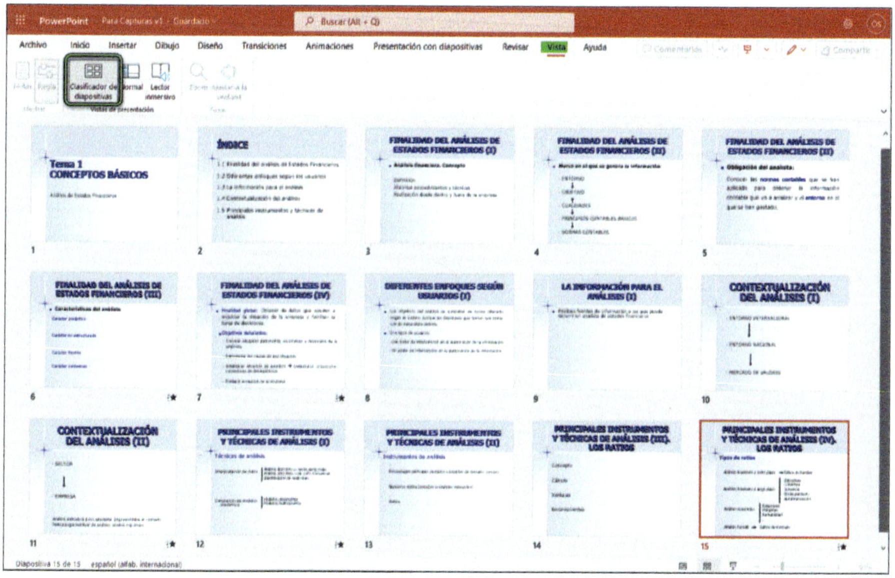

- Vista de lector inmersivo. Este botón habilita un lector que nos lee el texto, disponiendo también de diversas opciones gramaticales.

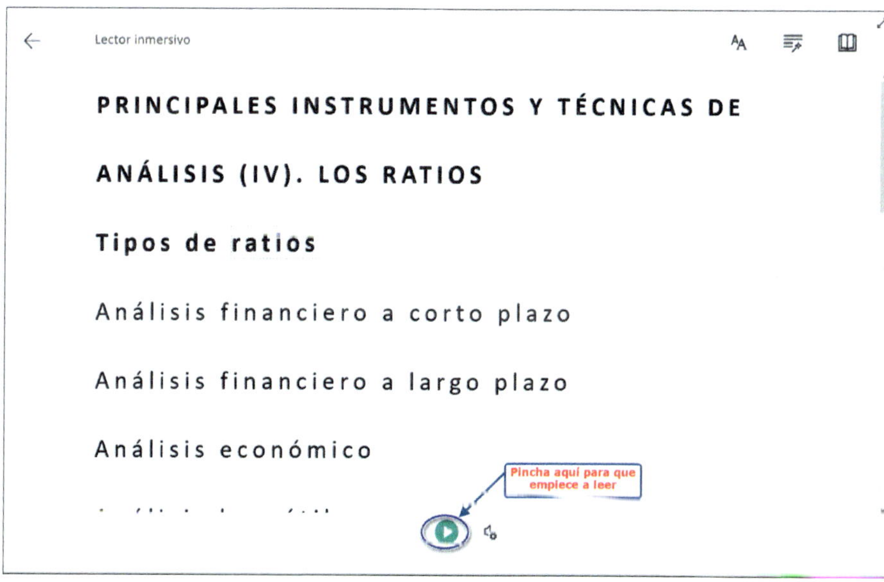

3. Acciones con diapositivas

Introducción

Cuando se crea una presentación después podemos modificarla insertando, eliminando, duplicando u ordenando diapositivas. A lo largo de este apartado veremos cómo podemos realizar cada una de estas operaciones que, siendo tan sencillas, tienen una gran utilidad.

Contenido

3.1. Inserción de nueva diapositiva

Las diapositivas se pueden insertar de dos maneras:

- Pulsando en el botón *Nueva diapositiva* que se encuentra en la ficha ***Inicio***, grupo ***Diapositivas***.

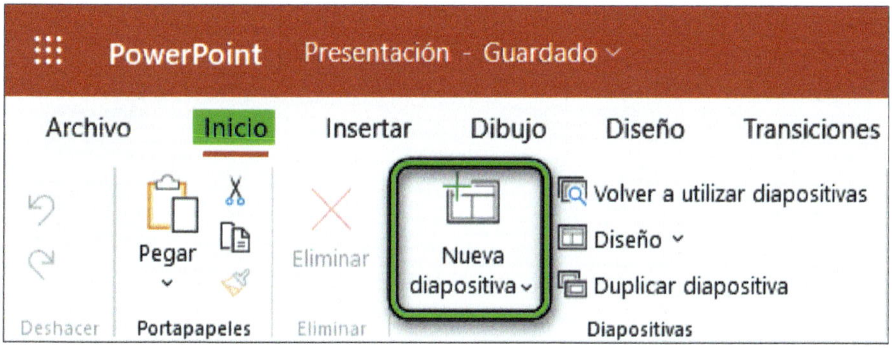

- Pulsando en el área de esquema con el botón derecho del ratón y seleccionar, del menú contextual que aparece, *Nueva diapositiva*, tal y como se muestra en la siguiente imagen.

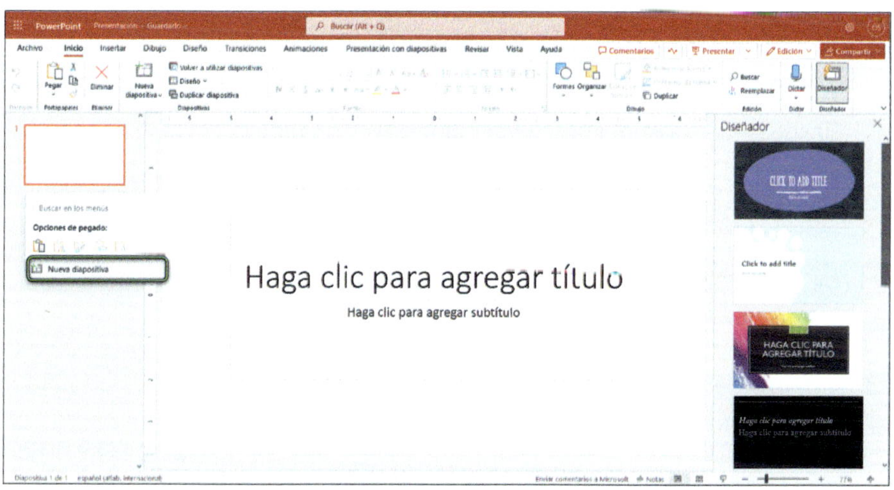

Una vez llevada a cabo esta acción, podrás apreciar que en el área de esquema aparece al final una nueva diapositiva. Si tienes una diapositiva seleccionada, inserta la nueva después de esta.

Si hacemos clic en la flecha que se encuentra bajo el botón *Nueva diapositiva*, podremos elegir el tema de la diapositiva, pudiendo escoger entre diferentes diseños, tal y como puedes apreciar en la siguiente figura.

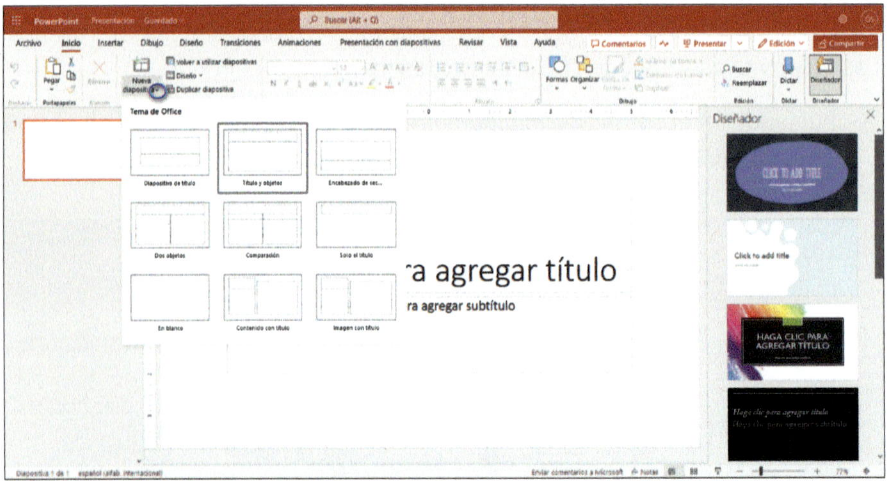

3.2. Eliminación de diapositivas

Para eliminar diapositivas primero deberás seleccionarlas. Si quieres eliminar varias, y estas están consecutivas, puedes seleccionarlas manteniendo pulsada la tecla *Mayús;* mientras que si no están unas al lado de otras, debes mantener pulsada la tecla *Control* para seleccionarlas.

Una vez seleccionadas se pueden eliminar de varias formas:

- Desde la ficha ***Inicio***, grupo ***Eliminar*** y seleccionando la opción *Eliminar*.
- Utilizando el menú contextual que aparece al pulsar sobre una diapositiva con el botón derecho y seleccionando *Eliminar diapositiva*.
- La última forma es pulsando la tecla *Supr*.

3.3. Duplicación de diapositivas

Al duplicar una diapositiva se realiza una copia exacta de la diapositiva o diapositivas seleccionadas.

Al igual que en la eliminación, lo primero que hay que hacer es seleccionar las diapositivas a duplicar y luego existen dos opciones:

- Desde la ficha ***Inicio***, grupo ***Diapositivas*** y seleccionaremos la opción *Duplicar diapositiva*.

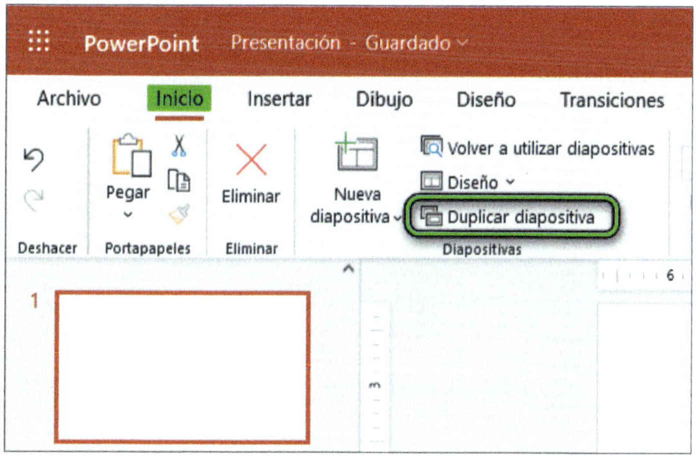

- Utilizando el menú contextual que aparece al pulsar sobre la diapositiva a duplicar con el botón derecho y seleccionando *Duplicar diapositiva*.

También podemos duplicar una diapositiva utilizando las opciones *Copiar* y *Pegar*. La diferencia entre utilizar esta última opción o la anterior es que con copiar se puede copiar la diapositiva en otra presentación.

3.4. Ordenación de diapositivas

Es posible que, una vez que hemos creado las diapositivas, queramos cambiar alguna de posición, es decir, queramos ordenar las diapositivas.

La mejor forma de llevar a cabo esta acción es utilizando la vista *Clasificador de diapositivas*, ya que veremos en pantalla todas las diapositivas que conforman la presentación.

Para cambiar el orden basta con seleccionar la diapositiva que queramos cambiar y, sin soltar el dedo del botón izquierdo del ratón, desplazarnos hasta la nueva posición.

En la siguiente imagen puedes comprobar que la diapositiva que se desea mover aparece enmarcada en color rojo y, de manera que la vamos moviendo, el resto de diapositivas se desplazan.

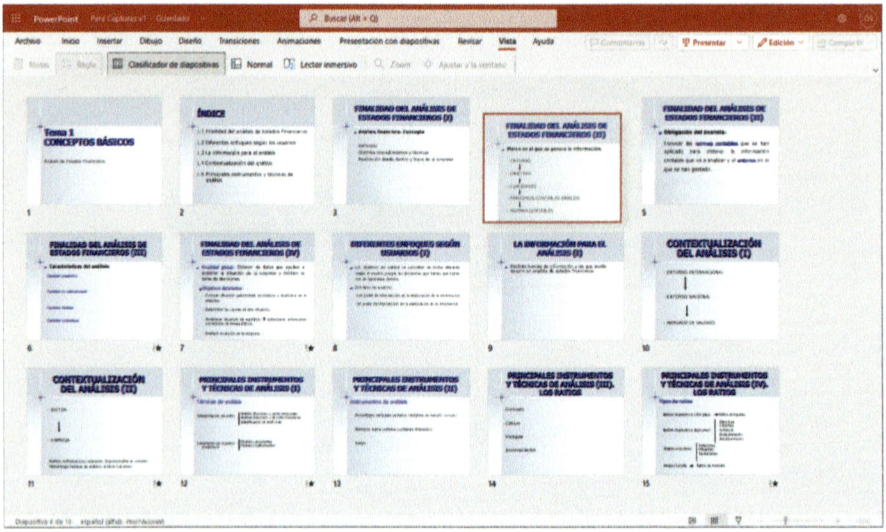
PowerPoint
Buscar (Alt + Q)
Archivo
Inicio
Insertar
Dibujo
Diseño
Transiciones
Animaciones
Presentación con diapositivas
Revisar
Vista
Ayuda
Presentar
Edición
Clasificador de diapositivas
Normal
Lector inmersivo
Tema 1
CONCEPTOS BÁSICOS
ÍNDICE
FINALIDAD DEL ANÁLISIS DE ESTADOS FINANCIEROS (I)
FINALIDAD DEL ANÁLISIS DE ESTADOS FINANCIEROS (II)
FINALIDAD DEL ANÁLISIS DE ESTADOS FINANCIEROS (III)
FINALIDAD DEL ANÁLISIS DE ESTADOS FINANCIEROS (IV)
DIFERENTES ENFOQUES SEGÚN USUARIOS (I)
LA INFORMACIÓN PARA EL ANÁLISIS (I)
CONTEXTUALIZACIÓN DEL ANÁLISIS (I)
CONTEXTUALIZACIÓN DEL ANÁLISIS (II)
PRINCIPALES INSTRUMENTOS Y TÉCNICAS DE ANÁLISIS (I)
PRINCIPALES INSTRUMENTOS Y TÉCNICAS DE ANÁLISIS (II)
PRINCIPALES INSTRUMENTOS Y TÉCNICAS DE ANÁLISIS (III). LOS RATIOS
PRINCIPALES INSTRUMENTOS Y TÉCNICAS DE ANÁLISIS (IV). LOS RATIOS

4. Trabajo con objetos

Introducción

Los objetos son los elementos que podemos incorporar en una diapositiva, por ejemplo: un SmartArt, una imagen, textos, vídeos, sonidos, etc. Estos objetos tienen sus propias características y propiedades que analizaremos con más detalle en este apartado y sobre ellos podemos realizar las mismas funciones que hemos visto con las diapositivas, es decir, seleccionar, copiar, eliminar, etc.

Contenido

4.1. Selección de objetos

Para seleccionar un objeto o elemento de la diapositiva únicamente tienes que hacer clic sobre él. Para quitar la selección haz clic en cualquier parte fuera del marco. Si tienes que seleccionar varios objetos, mantén pulsada la tecla *Mayús* y con el ratón selecciona los objetos. Si quieres dejar de seleccionar uno de los objetos que tienes seleccionados manteniendo pulsada la tecla *Ctrl* selecciona el objeto que quieras quitar de la selección.

4.2. Desplazamiento de objetos

Dos son las opciones que hay para poder mover o desplazar objetos:

- Mover arrastrando. Para mover un objeto lo primero que tienes que hacer es seleccionar el objeto haciendo clic sobre él, verás que aparece un marco a su alrededor, sitúate sobre él (pero no sobre los círculos que hay en el marco) y verás que el cursor modifica su aspecto (aparecen cuatro flechas).

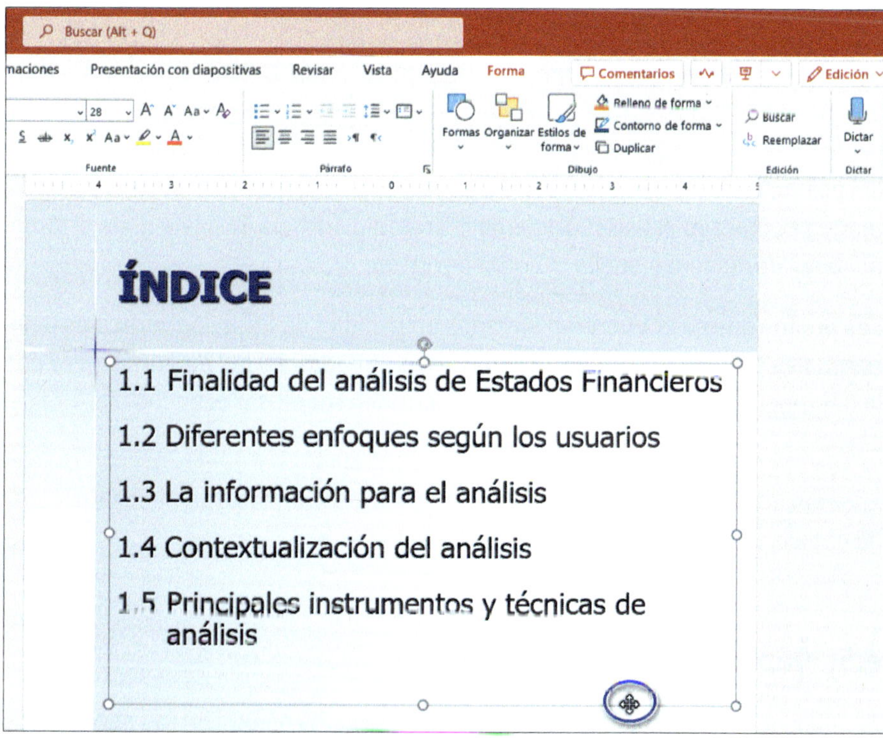

Pulsa el botón izquierdo del ratón y manteniéndolo pulsado arrastra el objeto. Cuando hayas situado el objeto donde quieres, suelta el botón del ratón y verás que el objeto se sitúa automáticamente en la posición que le has indicado.

- Mover cortando. Si quieres mover un objeto de una diapositiva a otra, tendrás que seleccionar el objeto haciendo clic sobre el marco, pulsar en el botón *Cortar*, situarte en la diapositiva a la que quieres mover el objeto y finalmente pulsar el botón *Pegar*.

4.3. Eliminación de objetos

Para borrar un objeto tienes que seleccionar el o los objetos a eliminar (si son varios, debes mantener pulsada la tecla *Mayús*). Después los puedes borrar pulsando la tecla *Supr*.

4.4. Modificación del tamaño de objetos

Para modificar el tamaño de un objeto, bien sea para hacerlo más grande o más pequeño, tienes que visualizar el marco del objeto haciendo clic sobre el objeto, en el marco del objeto tenemos ocho círculos o puntos.

Estos puntos sirven para modificar el tamaño del objeto, si te sitúas en los puntos de las esquinas verás que el puntero del ratón se convierte en una flecha de dos direcciones que te permitirán modificar al mismo tiempo el ancho y alto del objeto, para ello tienes que hacer clic en el círculo cuando aparece la flecha, mantener pulsado el botón izquierdo del ratón y arrastrarlo hasta darle el tamaño deseado, después suelta el botón del ratón.

Los puntos que se encuentran situados en la mitad de los lados verticales u horizontales tienen una función similar a los situados en las esquinas pero con la diferencia de que estos únicamente permiten modificar el ancho o el alto del objeto.

Además, en la parte superior central observarás que hay una flecha en forma de círculo. Con ella podrás voltear el objeto.

4.5. Duplicación de objetos

Para poder duplicar un objeto, la forma más sencilla es utilizar las opciones de *Copiar* y *Pegar*. De esta forma, una vez seleccionado el objeto, basta con llevar a cabo estas dos acciones, ya sea desde los botones disponibles en la ficha ***Inicio***, grupo ***Portapapeles***, o a través de las teclas abreviadas (*Ctrl*+C, *Ctrl*+V).

4.6. Reubicación de objetos

Al duplicar (copiar) el objeto aparece su copia casi encima, tal y como se puede comprobar en la siguiente imagen.

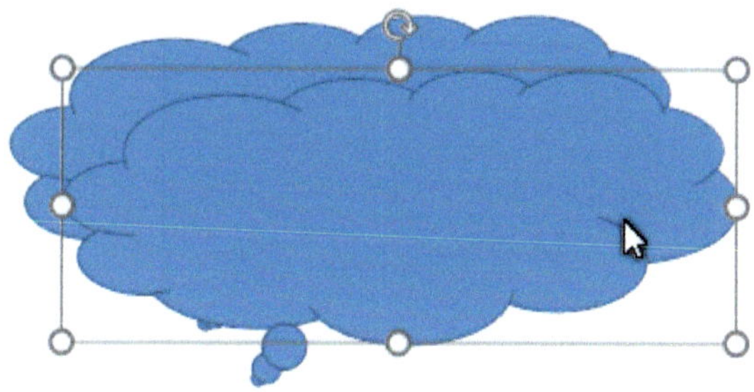

Para copiar un objeto de una diapositiva a otra tenemos que seguir los siguientes pasos:

- Primero selecciona el objeto haciendo clic sobre él. Puedes seleccionar varios a la vez si lo deseas como hemos visto en el punto anterior.
- Luego pincha sobre el icono *Copiar*.
- A continuación posiciónate en la diapositiva donde quieras pegar el objeto. Podemos pegar el objeto en la misma diapositiva o en otra. Para cambiar de diapositiva utiliza el área de esquema.
- Por último pincha en el botón *Pegar*.

En el siguiente epígrafe veremos diversas formas de alinear y distribuir objetos dentro de las diapositivas.

4.7. Alineación y distribución de objetos dentro de la diapositiva

PowerPoint nos permite también cambiar la posición que ocupan los objetos dentro de la diapositiva e incluso cambiar la posición de alguno de ellos en función de otro objeto.

Alinear objetos consiste en hacer que todos los objetos se ajusten a una misma línea imaginaria.

Distribuir objetos dentro de una diapositiva consiste en desplazar los objetos para que haya la misma distancia entre ellos, bien sea distancia horizontal o vertical.

En los dos casos hay que seleccionar primero los objetos y desplegar la opción *Alinear* de la ficha *Formato;* después elegimos el tipo de alineación o distribución que deseamos, tal y como se muestra en la siguiente figura.

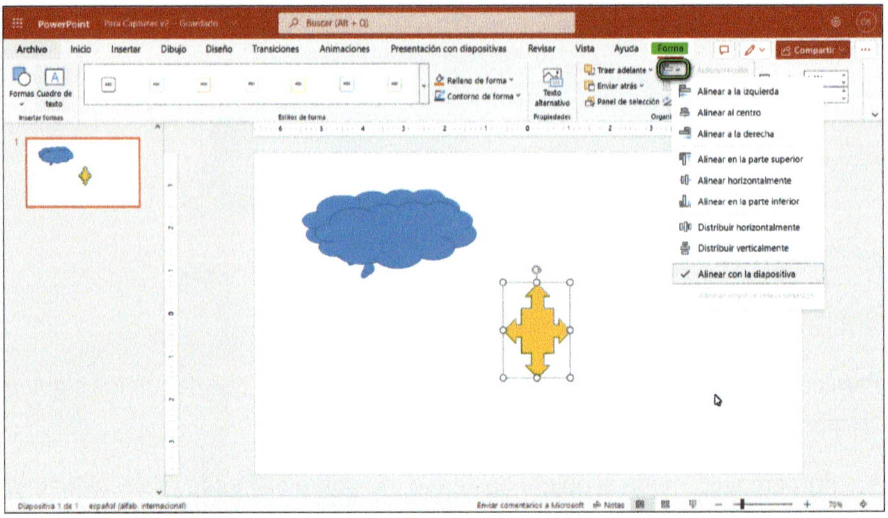

4.8. Trabajo con textos

Los textos que se introducen en una diapositiva son, al igual que los gráficos o las imágenes, un objeto. Dicho objeto, al igual que cualquier otro, posee una serie de propiedades que aprenderemos a determinar más adelante de modo general. Pero a la vez, el contenido de ese objeto, el texto, posee también unas propiedades, un formato de carácter y de párrafo. Hay, por tanto, unas características del *contenedor* o el *continente* (el formato de objeto) y unas características del contenido (el formato del texto).

En PowerPoint 365 encontraremos en la ficha ***Inicio*** el grupo ***Fuente,*** desde el que podremos modificar las características del formato de carácter (tipografía, tamaño, estilo, color...).

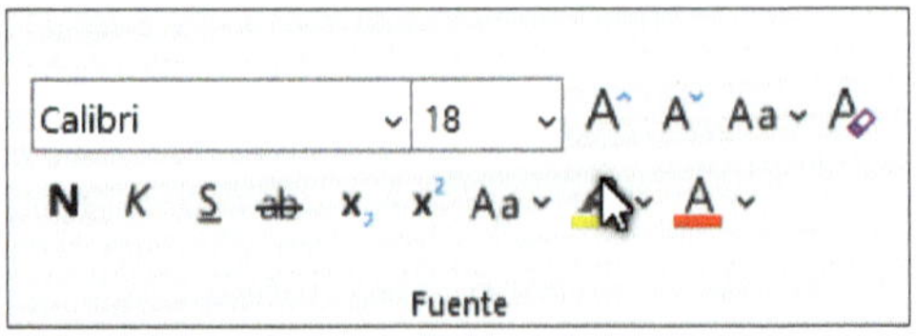

4.9. Formatos de párrafos

En la ficha ***Inicio*** también disponemos del grupo ***Párrafo***, mediante el cual podremos modificar el interlineado, la sangría, la alineación, etc. Con la flechita de la esquina inferior derecha del grupo abriremos el cuadro Fuente, con el que podremos también determinar más concretamente el formato del párrafo.

4.9.1. Alineación

Tanto desde los iconos del grupo ***Párrafo*** como desde el cuadro de diálogo ampliado, se puede establecer la alineación horizontal de un texto dentro de su marco o cuadro de texto. También es posible controlar la alineación vertical del texto dentro del marco mediante el botón *Alinear texto*.

4.9.2. Listas numeradas

Para crear una lista numerada dentro de un cuadro de texto, empleamos el botón *Biblioteca de numeración* del grupo ***Párrafo***. Elegiremos a continuación el tipo de lista numerada que deseamos emplear.

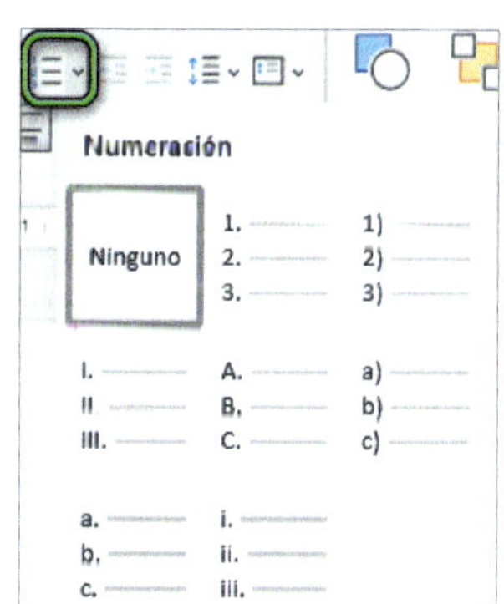

4.9.3. Viñetas

La creación de viñetas es muy similar al procedimiento anterior. Para crear una lista con viñetas, emplearemos el botón *Biblioteca de viñetas* del grupo ***Párrafo*** y elegiremos el tipo de lista que queremos aplicar.

4.9.4. Estilos

Mediante las opciones de *Relleno de Forma* y *Contorno de forma*, disponibles desde la ficha *Forma*, podemos aplicar sombreado y borde al cuadro de texto que estamos editando. Además de ello, PowerPoint nos proporciona una serie de estilos rápidos con los que podemos aplicar formatos predefinidos a los cuadros de texto. Para aplicarlos a un cuadro de texto determinado:

- Hacemos clic en el cuadro de texto cuyo estilo deseamos modificar.
- En el grupo ***Estilos de forma,*** de la ficha ***Forma,*** elegimos el estilo que deseamos aplicar.

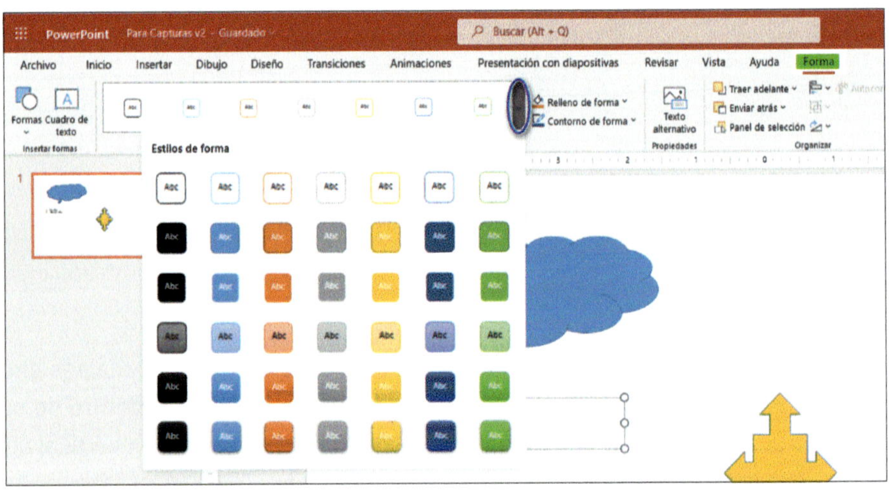

4.10. Tablas

En una diapositiva además de insertar texto, gráficos, etc., también podemos insertar tablas que nos permitirán organizar mejor la información. Las tablas de *PowerPoint* funcionan igual que en *Microsoft Word*.

Las tablas se componen de una serie de filas y de columnas; la intersección de una fila y una columna forma una *celda*, que constituye así la unidad mínima de la tabla. Cada celda puede tener un cierto formato, de párrafo (alineación, interlineado, espaciado) y de carácter; además, se puede especificar el tipo de líneas que la rodean, así como su color de fondo. Combinando los colores de fondo de las celdas y líneas con diversas hechuras podemos conformar diferentes estilos de tabla.

4.10.1. Inserción o creación de tablas en una presentación

Para insertar una tabla en PowerPoint, empleamos el botón *Tabla* de la ficha ***Insertar***. Al pulsarlo se abre un menú en el que podemos escoger, de modo gráfico, las dimensiones (número de columnas y número de filas) de la tabla que queramos crear.

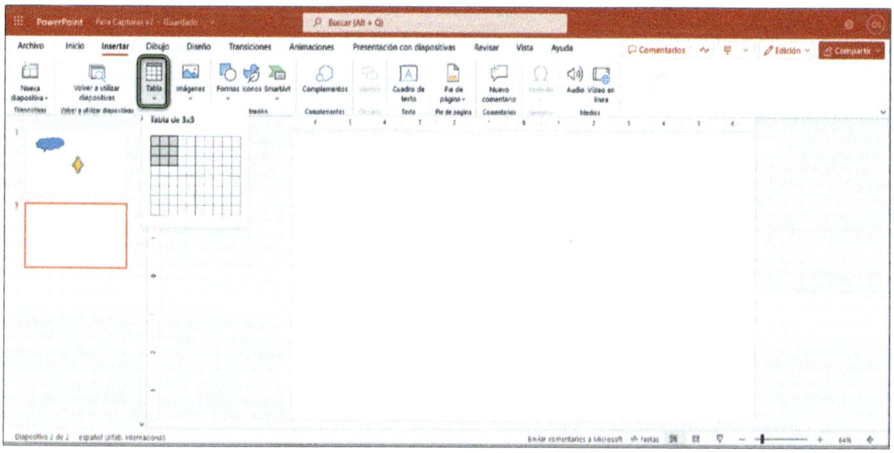

4.10.2. Movimiento dentro de una tabla

Una vez tenemos creada la tabla vamos a ver cómo introducir contenido en ella. En términos generales, no hay diferencia entre introducir texto dentro o fuera de una tabla.

- Desplazarse. Para desplazarse por las celdas de una tabla se puede utilizar el ratón o las teclas del cursor.

  Al pulsar la tecla *Tab* en la última celda de la tabla se crea una nueva fila.

- Seleccionar. Los elementos que podemos seleccionar en una tabla, y el método para hacerlo, son:

PARA SELECCIONAR	SIGA ESTE PROCEDIMIENTO
La tabla	Haz clic en algún borde de la tabla. 
Una fila	Haz clic a la izquierda de la fila. 
Una columna	Haz clic en el borde superior de la columna. 

- [←] Borrar. Para borrar una celda, columna o una fila basta con seleccionarla y pulsar la tecla *Retroceso*, si solo queremos borrar su contenido pulsar la tecla *Supr*.

4.10.3. Modificación, edición y formato de tablas

Una vez creada, podemos modificar las dimensiones de la tabla mediante el ratón: al pasar por la línea de separación entre dos columnas o dos filas el puntero adquiere la apariencia de una doble flecha, que moveremos manteniendo pulsado el botón izquierdo del ratón para modificar la posición de dicha línea.

En muchas ocasiones —por ejemplo, para proporcionar un determinado color de relleno a un grupo de celdas, o para darles a todas ellas un formato idéntico de párrafo o de carácter— es preciso seleccionar varias celdas de la tabla: podemos hacerlo «arrastrando» el puntero del ratón mientras lo mantenemos pulsado, o con el uso de la tecla *Mayús* y las flechas de movimiento. Si nos situamos a la izquierda de una fila o encima de una columna y hacemos clic con el ratón, se selecciona toda la fila o la columna.

Para rellenar la tabla de contenido nos situamos en una determinada columna y escribimos en ella. Para movernos entre celdas hacia delante y hacia atrás, empleamos las teclas *Tab* y *Mayús + Tab*. Si nos situamos en la última celda de una tabla y pulsamos la tecla *Tab*, PowerPoint insertará automáticamente una nueva fila en ella.

Cuando hacemos clic dentro de la tabla, aparecen, a la derecha de las fichas existentes, dos nuevas. Se trata de fichas contextuales, que se activan solamente cuando el cursor está situado en un elemento específico (en este caso, en una tabla) y permiten seleccionar las propiedades y características de ese objeto.

Disponemos, en efecto, de dos fichas que agrupan diversas herramientas de tabla: ***Diseño de tabla*** y ***Disposición de tabla.***

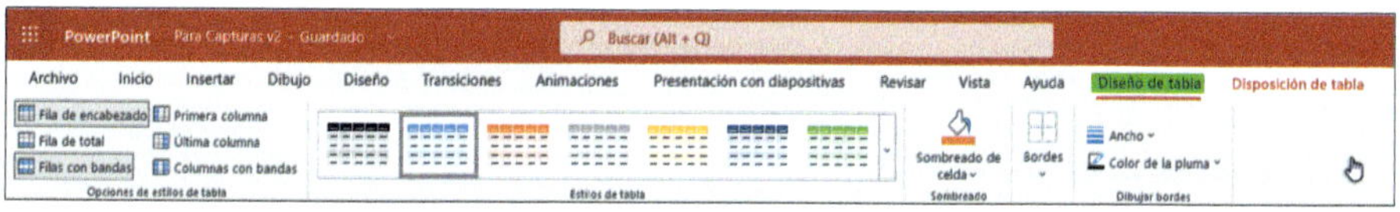

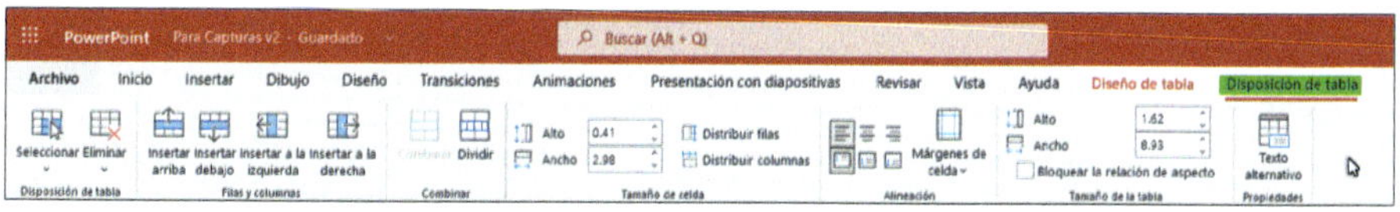

Con la primera de ellas podemos determinar:

- Los *estilos* de la tabla. Los estilos son combinaciones de tipos y colores de líneas y colores de relleno de celda dotados de cierta armonía y sentido: existen, así, estilos más serios y más informales, por ejemplo.

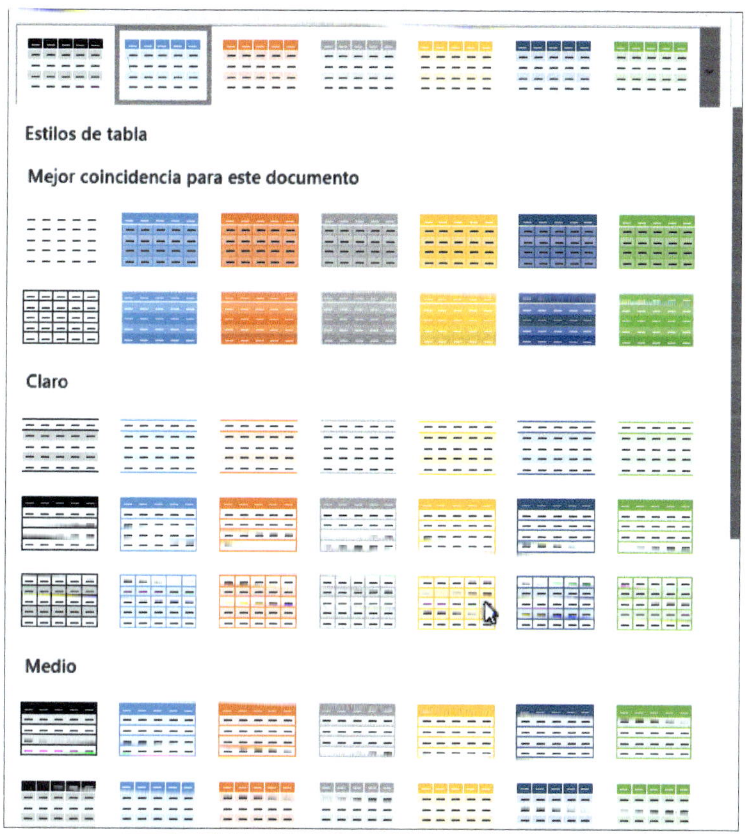

- Las *opciones* de dichos estilos. Con ellas podemos definir si, por ejemplo, la tabla ha de presentar colores alternativos en las filas, o si es preciso diferenciar visualmente la primera fila o la primera columna.

- Con las opciones de *Sombreado* y *Bordes* modificaremos el color de fondo y las líneas que rodean a la celda en la que se halle el cursor; si queremos modificar varias celdas debemos seleccionarlas previamente.

- Mediante el grupo de opciones ***Dibujar bordes*** se pueden modificar y personalizar los bordes de la tabla, modificando su color, su grosor y el tipo de trazo. La herramienta *Pluma* dibuja líneas de borde y la herramienta *Borrador* las elimina.

Por su parte, mediante la ficha ***Disposición de tabla*** podemos efectuar múltiples operaciones sobre ella:

- *Insertar* filas o columnas en diversas posiciones de la tabla.

- *Eliminar* una fila, columna o bien toda la tabla.

- *Combinar* y *dividir* celdas: cuando combinamos varias celdas, las convertimos en una sola, operación útil para introducir en ella un texto más extenso o centrar su contenido con respecto a otras, por ejemplo. La división constituye la operación inversa.

- El *tamaño* de las celdas, con la posibilidad adicional de ajustar el tamaño de las filas o las columnas para distribuirlo uniformemente.

- La *alineación* (horizontal y vertical) del contenido de la celda, así como la orientación del texto dentro de ella y los *márgenes interiores* de la celda.

- El *tamaño de la tabla*, tanto el alto como el ancho.

4.11. Dibujos

Nuestras presentaciones gráficas admiten una variada colección de ilustraciones: es posible insertar imágenes procedentes de un fichero (por ejemplo, una fotografía o un dibujo que hayamos efectuado en un programa de ilustración o de delineación), imágenes en línea, ya sean buscadas en internet o de tu OneDrive y también diversas clases de formas (polígonos, flechas, elipses, polígonos estrellados), gráficos y esquemas.

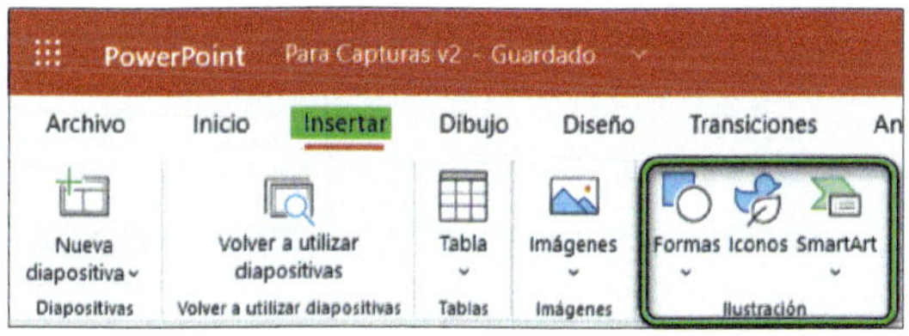

PowerPoint nos permite insertar en sus diversas aplicaciones elementos sumamente versátiles: las *Formas*.

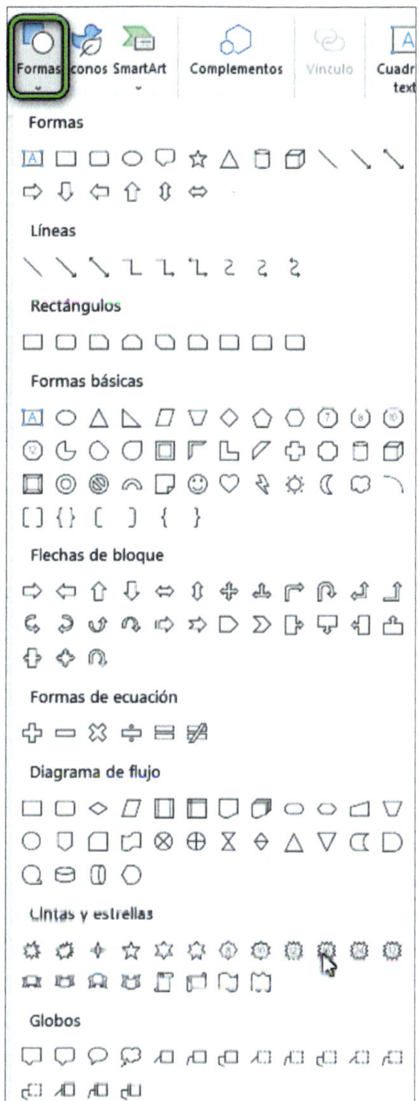

Las autoformas o simplemente formas son una variada colección de formas gráficas pertenecientes a varias categorías: líneas, flechas, globos, estrellas… La forma de introducirlas en un documento es siempre la misma: se selecciona la forma en la lista desplegable que aparece al pulsar sobre el botón *Formas* (ficha ***Insertar***) y se hace clic a continuación sobre el punto de la diapositiva en el que se quiere ubicar.

Hay formas que se colocan en un solo clic, y otras que requieren tantos clics como segmentos queramos insertar. Todas estas formas son objetos que poseen sus nueve controles de control de tamaño y ángulo de rotación.

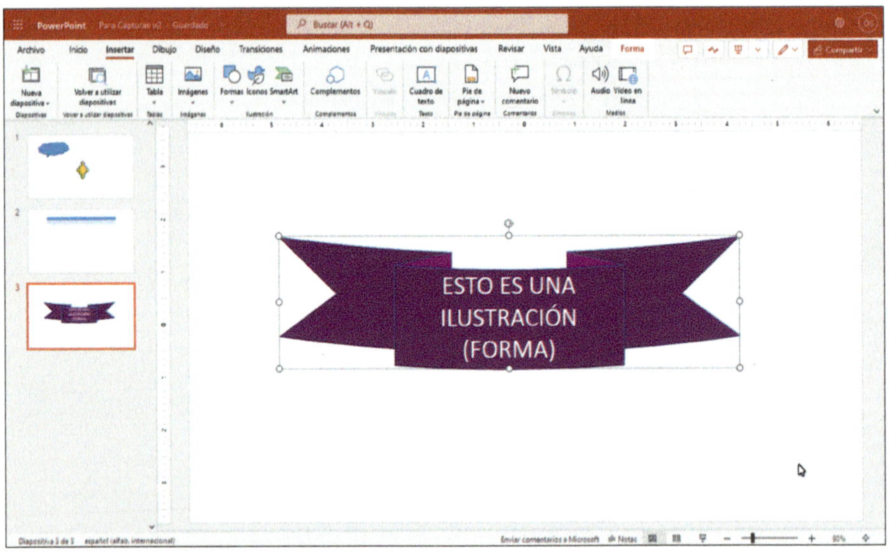

4.12. Utilización de Imágenes prediseñadas e insertadas

La inserción de una imagen se realiza desde la ficha ***Insertar,*** en la que se encuentra la opción *Imágenes.* Al pulsar sobre el icono *Imágenes* se desplegarán dos opciones. Al seleccionar la opción *Este dispositivo…* se nos abrirá un cuadro de diálogo para seleccionar el archivo con la imagen que deseamos insertar, y esta se introducirá en la diapositiva, pudiéndose modificar su posición, tamaño y ángulo de rotación mediante los ocho controles que la rodean. Cuando la imagen está seleccionada, se activa la ficha ***Formato,*** en la que disponemos de las opciones necesarias para *Ajustar* sus parámetros, modificar su *Estilo,* su *Organización* en relación con las demás imágenes y su *Tamaño.*

La segunda opción disponible al pinchar sobre el icono *Imágenes* se denomina *Dispositivo móvil...*, que permite insertar imágenes que se encuentran ubicadas en nuestro teléfono móvil.

La tercera opción disponible (*OneDrive...*) permite insertar imágenes que se encuentren en nuestro espacio de la nube.

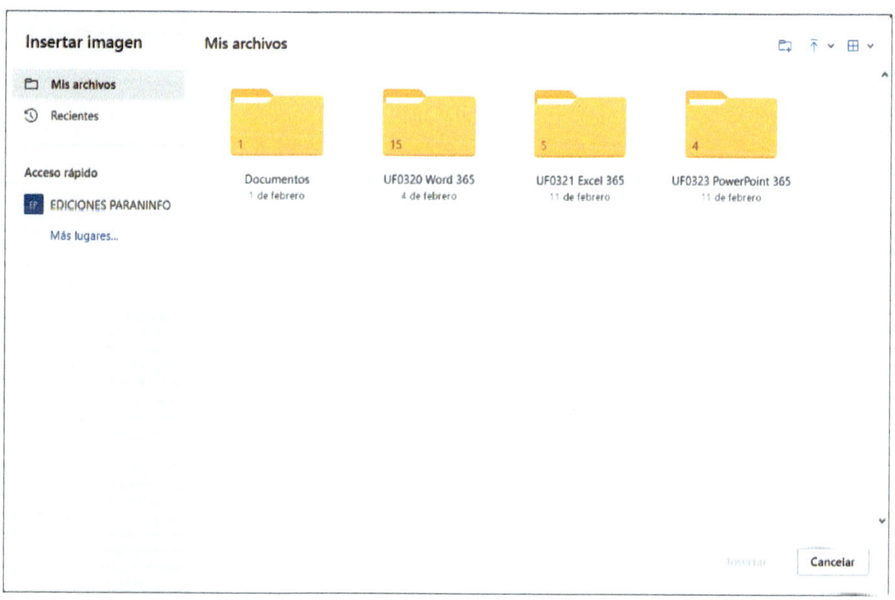

La cuarta opción (*Imágenes de archivo…*), como suscriptor de Office 365, se tiene acceso a la biblioteca completa de contenido creativo. Como puedes comprobar en la siguiente imagen, puedes insertar imágenes, iconos, adhesivos…

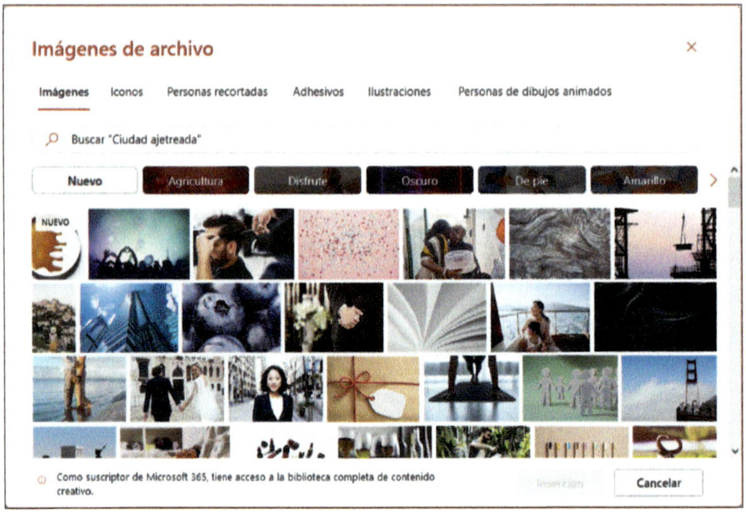

La última opción disponible al pinchar sobre el icono *Imágenes* se denomina *Imágenes en Bing…*, que permite insertar imágenes buscadas por internet. Una vez insertada, su funcionamiento es idéntico a lo explicado anteriormente.

Algunas de las imágenes que se pueden insertar son *animadas*; sin embargo, tengamos en cuenta que solo las veremos como animaciones si seleccionamos el modo de visualización *Presentación con diapositivas* (podemos hacerlo pulsando *F5*), que trataremos más adelante.

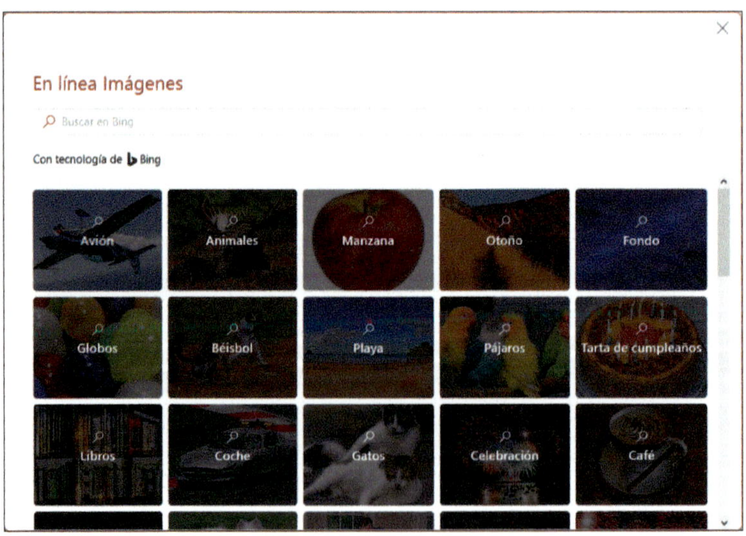

4.13. Creación de organigramas y diferentes estilos de diagramas

SmartArt nos proporciona una galería de gráficos, organigramas y esquemas que podemos utilizar con varios propósitos: elaborar un mapa conceptual para ilustrar una idea, utilizar un organigrama para mostrar el funcionamiento de una empresa u otro tipo de organización, representar mediante un diagrama de bloques o un diagrama circular una sucesión de acontecimientos...

La colección de SmartArt se abre pulsando sobre el botón del mismo nombre situado en la ficha ***Insertar***. En el cuadro de diálogo aparecen todos los gráficos disponibles, organizados por categorías (*Lista, Ciclo, Proceso, Jerarquía...*).

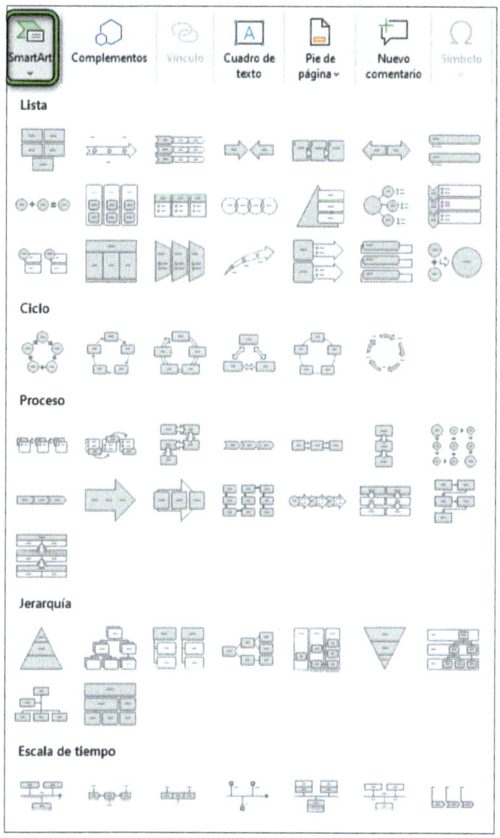

Al pulsar sobre cada uno de los gráficos aparece el nombre del mismo. Cuando lo insertamos, el diagrama de SmartArt presentará a su izquierda una serie de controles en los que podremos introducir los textos e imágenes que deseamos incluir en él.

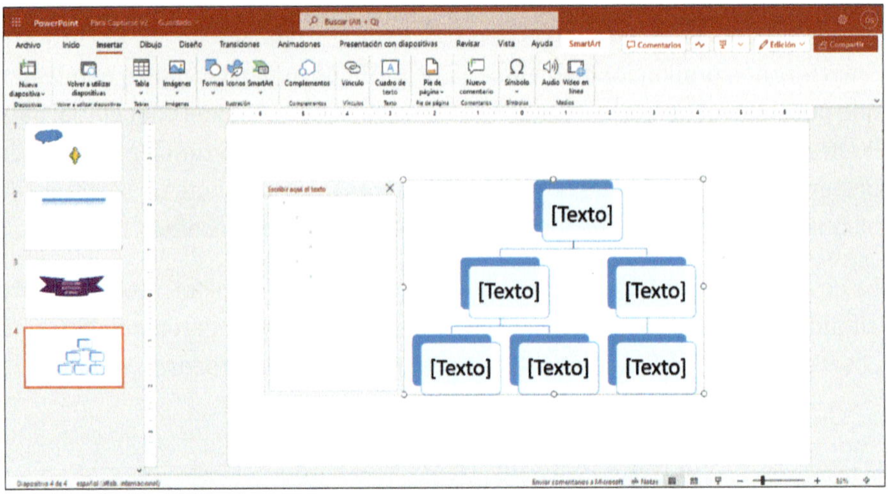

Cuando se introduce un diagrama de SmartArt, aparece una nueva ficha para modificarlo, llamada con el mismo nombre ***SmartArt***. En ella podemos encontrar diversas opciones para modificar la apariencia del diagrama y para añadir o eliminar sus elementos, modificar el tipo de diagrama o cambiar el estilo o apariencia del objeto.

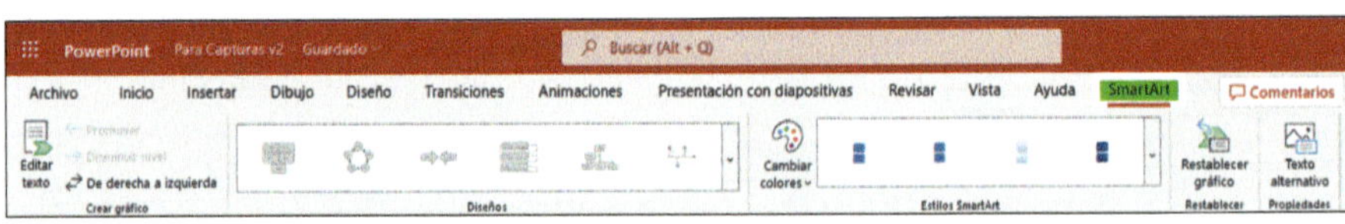

4.14. Inserción de sonidos y películas

Las presentaciones no permiten integrar en ellas solamente imágenes y textos. Es posible también introducir toda clase de vídeos y sonidos.

El grupo ***Medios*** de la ficha ***Insertar*** permite incluir en la presentación sonidos y vídeos. Al pulsar sobre los botones *Audio* y *Vídeo en línea* se despliegan las opciones disponibles en cada uno de ellos.

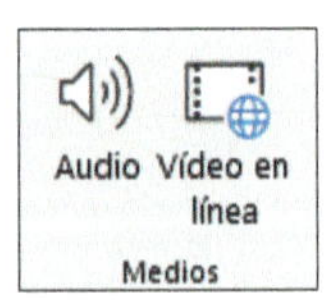

Al insertar un archivo de audio en la diapositiva, aparece el símbolo de un altavoz. Al seleccionarlo aparecerán dos fichas: ***Reproducción*** y ***Formato de audio***. A través de la ficha ***Reproducción*** se podrán realizar opciones tan variadas como establecer el volumen o decidir cuándo comienza a escucharse el sonido; por lo que respecta a la ficha ***Formato de audio***, lo que se puede realizar con ella son opciones relacionadas con la imagen del altavoz.

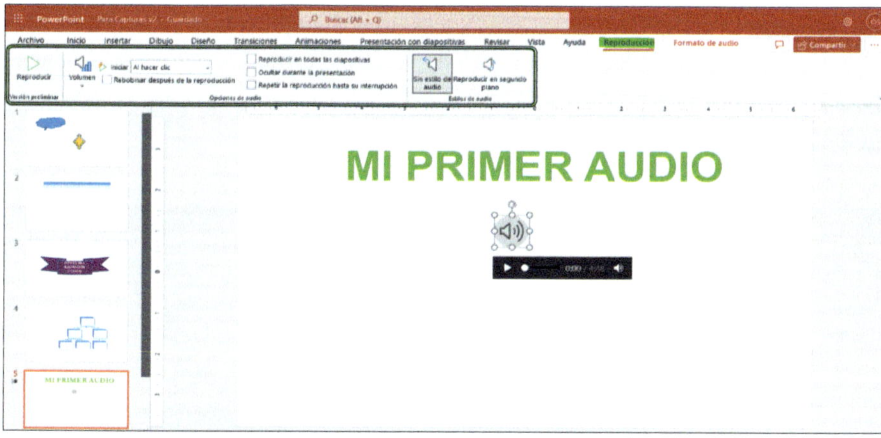

El desarrollo de sitios web como YouTube, donde los usuarios suben vídeos que se pueden visualizar *online*, ha supuesto una auténtica revolución en el mundo audiovisual. La mayor parte de estos sitios ofrecen además la posibilidad de incrustar (*embed*) los vídeos en otros sitios web o incluso en aplicaciones ofimáticas.

En ocasiones, nuestra presentación ganará en contenido y riqueza si se acompañan las imágenes, textos y gráficos con vídeos tomados directamente de YouTube. Para ello, no obstante, es preciso que, en el momento en que se visualiza la presentación, el ordenador disponga de conexión a internet.

Para insertar un vídeo de YouTube en PowerPoint basta con seleccionar la opción *Vídeo en línea* apareciendo un cuadro como el que se muestra en la siguiente figura, en el que le indicaremos la dirección web (URL) del vídeo que queremos insertar.

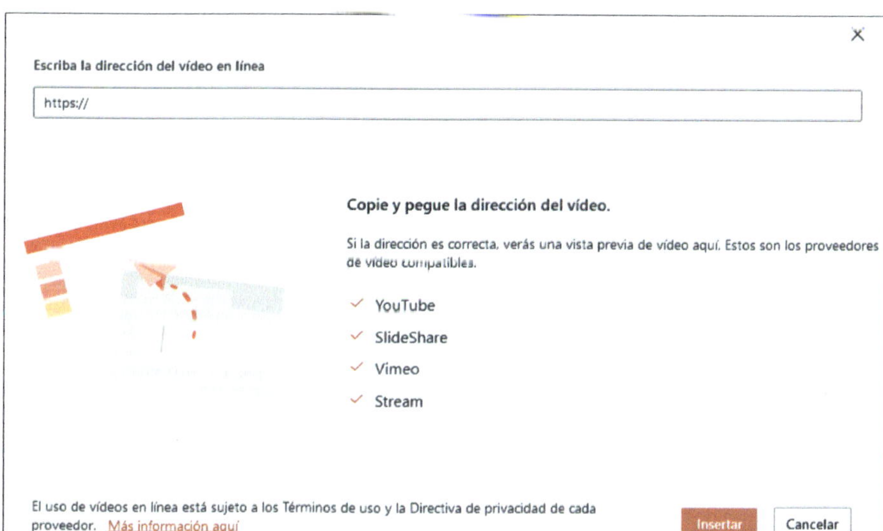

Al pulsar sobre el botón *Insertar* aparecerá en la diapositiva un cuadro con el vídeo que se ha insertado, disponiendo de la ficha **Forma**, a través de la cual se podrán modificar las opciones de forma del objeto, que te explicaremos en el siguiente apartado.

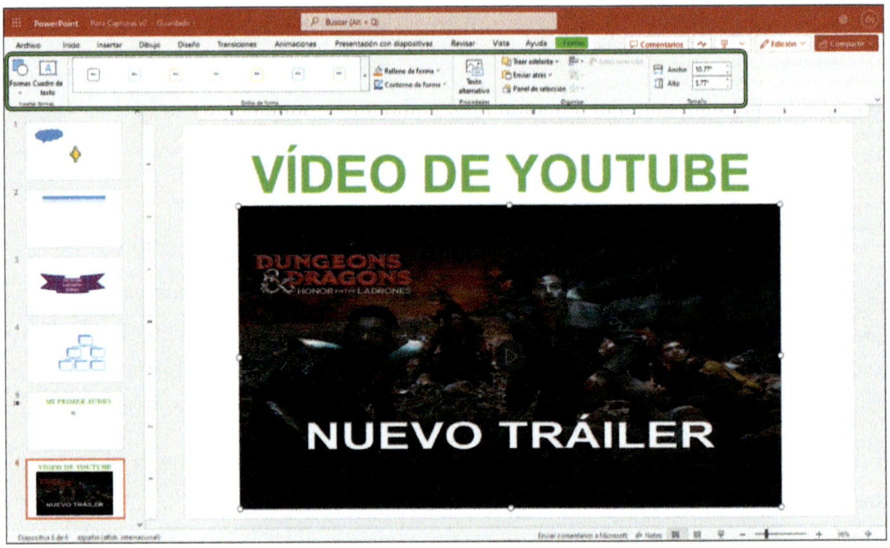

4.15. Utilización de Formato de objetos

Cuando se inserta en la presentación algún dibujo, texto artístico, gráfico..., ya sabes que aparece una nueva ficha al seleccionar el objeto llamada *Forma* tal y como se puede ver en la siguiente figura.

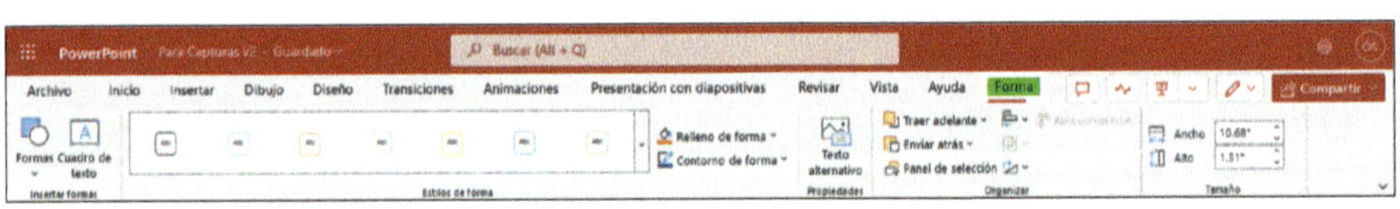

A través de ella se pueden modificar aspectos como los estilos, el relleno o el contorno, y que ahora explicaremos.

4.15.1. Rellenos

Una vez insertada la forma, es posible modificar el relleno de la misma a través de la opción *Relleno de forma* disponible desde la ficha **Forma**, grupo ***Estilos de forma***.

4.15.2. Líneas

De la misma forma que se puede modificar el relleno del objeto, es posible modificar las líneas del contorno del mismo. Esto se realiza a través de la opción *Contorno de forma* disponible desde la ficha ***Forma***, grupo ***Estilos de forma***.

Como se puede comprobar en la imagen anterior, se puede modificar el grosor, establecer guiones o líneas, establecer un esbozado o flechas.

4.15.3. Estilos

Asimismo, PowerPoint 365 tiene establecidos unos formatos automáticos en cuanto al relleno o contorno de la forma, pudiendo ser seleccionados en el cuadro disponible.

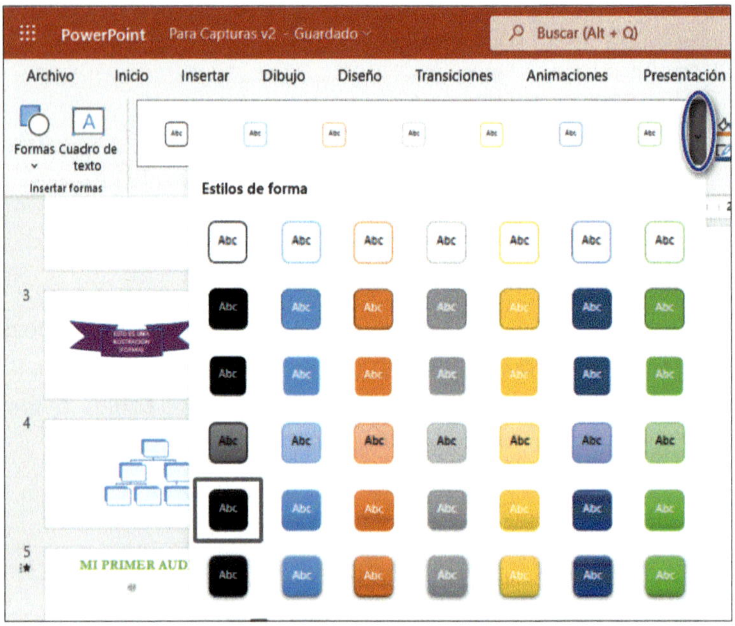

Ejercicios prácticos

ACTIVIDAD 4.1

Vas a crear una presentación nueva en la que insertarás diferentes formas y un gráfico SmartArt. Lo que tienes que realizar es lo que se muestra en la siguiente figura, utilizando como diseño de la presentación **espiral** (para seleccionarla, accede a la ficha *Diseño*).

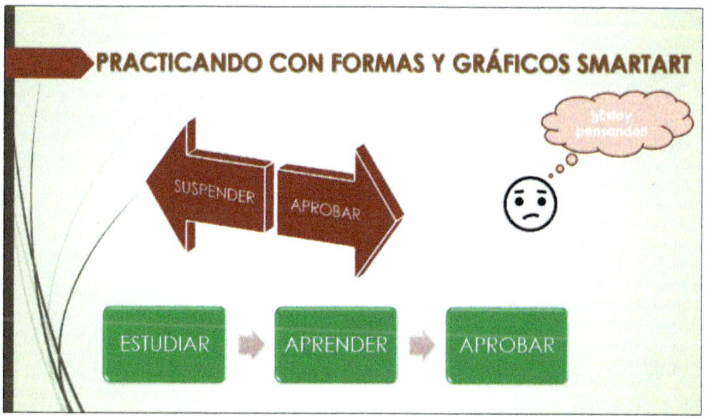

Se han utilizado dos gráficos SmartArt: *Flechas divergentes* (de la categoría *Lista*) y *Proceso básico* (de la categoría *Proceso*). Las figuras de la derecha son una *Forma* (llamada de nube) y un *Icono*. El título se ha realizado con un cuadro de texto.

ACTIVIDAD 4.2

Vamos a insertar un WordArt en la presentación que has elaborado en el ejercicio anterior. Para ello sigue estos pasos:

1. Inserta una nueva diapositiva a la presentación y muévela para que sea la primera diapositiva.
2. Selecciona el icono *Cuadro de texto* de la ficha ***Insertar***.
3. Escribe el texto «MI PRIMERA PRESENTACIÓN».
4. Haz clic sobre cualquier parte de las líneas que enmarcan al texto y selecciona como tipo de fuente Broadway, con un tamaño de 53 ptos.

Ahora vas a practicar más con el formato. Selecciona la ficha *Forma* y vamos a cambiar el aspecto del cuadro de texto utilizando los dos grupos que puedes ver en la siguiente imagen.

5. Establece los siguientes parámetros a la forma:
    - **Relleno de forma**: color **rojo oscuro**.
    - **Contorno de forma**: color **amarillo**, grosor **2 ¼ pto**.

El resultado final será algo como lo siguiente:

ACTIVIDAD 4.3

Vuelve a abrir la presentación que has utilizado para hacer los ejercicios anteriores y realiza las siguientes acciones:

1. Duplica la primera diapositiva y, la que te aparece, muévela hasta la última posición.
2. Entra en YouTube y busca un vídeo relacionado con tu deporte favorito. Cuando ya lo hayas hecho, insértalo en la presentación.

5. Documentación de la presentación

Introducción

En ocasiones nos puede interesar que otros usuarios revisen la presentación que vamos a realizar. Si estos tienen que realizar alguna aclaración o comentario a la misma pueden utilizar los comentarios para realizarlo.

De la misma forma, algunas diapositivas precisan de explicaciones que no están en la misma diapositiva, pero que el orador tiene que tenerlas para poder explicarlas. En este caso se utilizan las notas del orador.

En este apartado veremos cómo se trabaja con estas dos opciones.

Contenido

5.1. Inserción de comentarios

Un comentario es una nota que se puede adjuntar a una letra o palabra de una diapositiva o a una diapositiva completa. Se suelen utilizar los comentarios cuando se desea que los usuarios proporcionen y revisen la información sobre una presentación creada.

En PowerPoint, a través de la ficha ***Revisar***, disponemos del grupo ***Comentarios***, que será el que utilicemos para insertar, modificar o eliminar comentarios.

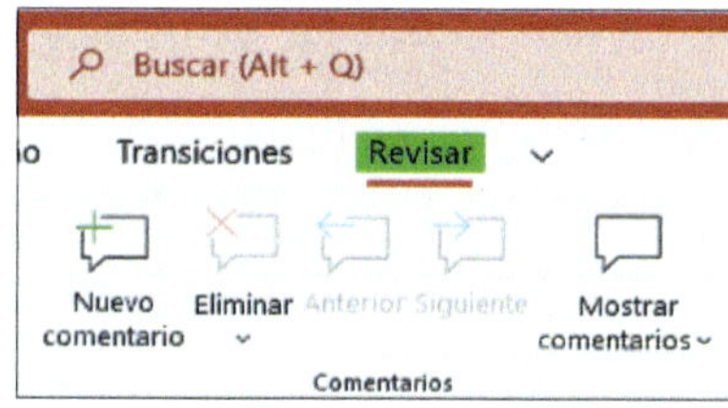

5.2. Preparación de las Notas del orador

El área de notas es el lugar donde añadiremos las notas de apoyo para realizar la presentación. Estas notas no se ven en la presentación pero, si se lo indicamos, podemos hacer que aparezcan cuando imprimamos la presentación en papel.

Para agregar una nota no hay más que pinchar dentro del recuadro y empezar a escribir, tal y como se muestra en la siguiente imagen. Acuérdate de que si no visualizas el panel de notas tienes que hacer clic en la opción Notas de la barra de estado.

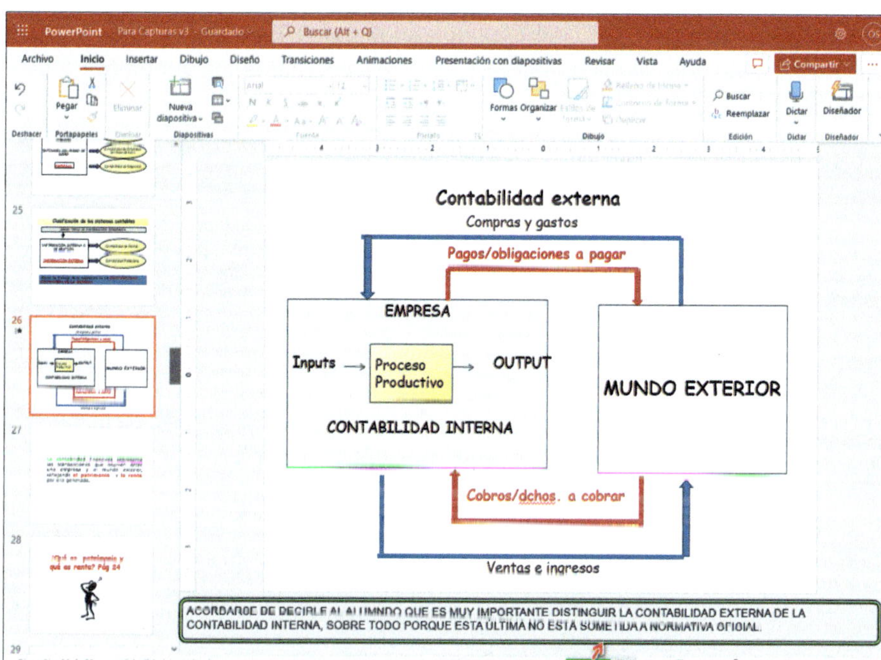

5.3. Hipervínculos

Seguramente has trabajado en internet y has visitado varias páginas; pues bien, cada vez que navegas desde una página a otra, estás utilizando **hipervínculos**.

En PowerPoint también puedes establecer enlaces a sitios web o a direcciones de correo electrónico. Estos hipervínculos se crean a partir de un texto.

Para agregarlo no hay más que seleccionar la letra o palabra que actuará como hipervínculo y, en la ficha ***Insertar***, en el grupo ***Vínculos***, seleccionar la opción *Vínculo*, mostrándose un cuadro de diálogo como el que se muestra en la siguiente figura.

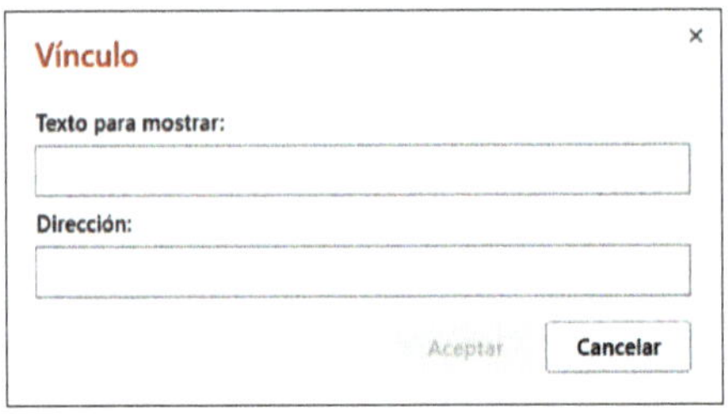

En el cuadro *Texto para mostrar* aparecerá automáticamente el texto que hayamos seleccionado antes de pulsar sobre la opción *Vínculo*. En el cuadro *Dirección:* habrá que indicarle cuál es la dirección URL del sitio web, o la dirección de correo electrónico al que queremos realizar el vínculo.

Si situamos el puntero del ratón encima de la palabra, podremos ver la dirección de vínculo que hayamos establecido, tal y como puedes ver en la siguiente figura.

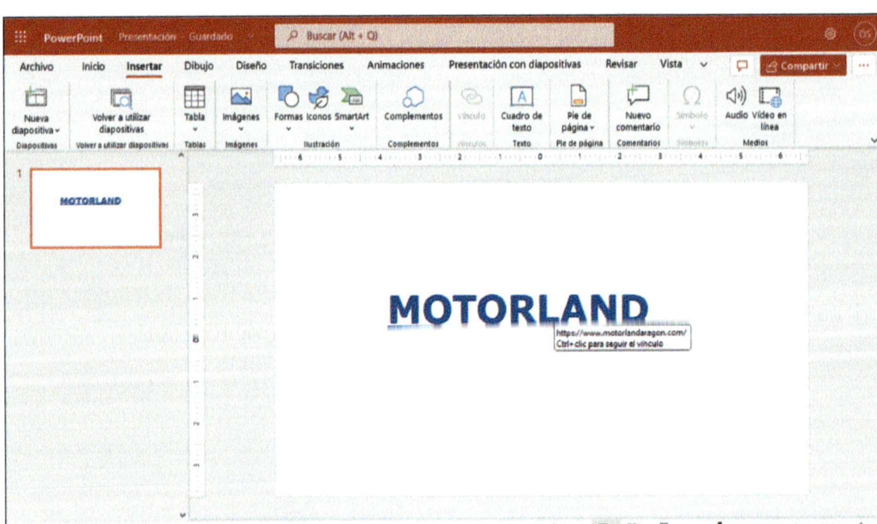

Ejercicios prácticos

ACTIVIDAD 5.1

Imagina que debes efectuar una exposición pública en uno de los dos casos siguientes:

- Perteneces a un grupo de trabajo que está desarrollando un nuevo producto, y es preciso convencer a varias empresas e instituciones de que apuesten por él.
- Ante una reunión de la empresa debes exponer los resultados del departamento en el que trabajas.

Prepara una presentación para apoyar la exposición pública, que incluya textos (párrafos y esquemas), tablas y dos o tres gráficos de distintos tipos.

De la misma forma, inserta varios comentarios y utiliza las notas del orador en un mínimo de 4 diapositivas.

ACTIVIDAD 5.2

Imagina que tienes una tienda que vende material deportivo y debes realizar un proyecto de venta de equipación deportiva (camisetas, gorras, balones, etc.) de tu empresa, en la que se integren los siguientes elementos:

- Texto y vínculos.
- Sonidos: se deberá integrar en toda la presentación sonido.
- Imágenes: todas las páginas deberán contener, al menos, una imagen.
- Vídeo: la presentación deberá contener, al menos, dos vídeos.

Ten en cuenta que la presentación será de 12 diapositivas, estableciendo en la primera el nombre de la empresa y su logotipo y, en la última, una frase de despedida.

6. Diseños o estilos de presentación

Introducción

Para cada diapositiva que insertamos en nuestra presentación podemos escoger un formato diferente, con diversos elementos de varios tamaños y distribuciones. Para el conjunto de la presentación, seleccionamos un estilo que le proporciona una unidad visual a la misma: el estilo está compuesto por una combinación de colores e imágenes de fondo.

Además de aplicar un estilo predeterminado a nuestra presentación, es posible aplicar un color, trama, textura o imagen de fondo a una o varias diapositivas de la presentación.

Contenido

6.1. Uso de plantillas de estilos

Cuando comenzamos a realizar una presentación, cada diapositiva creada tiene fondo blanco, el tipo y tamaño de letra establecido por defecto, etc.

Podemos sustituir estos elementos establecidos por defecto a través de la ficha ***Diseño***, grupo ***Temas***, mediante la cual se podrá seleccionar el tema deseado para nuestra presentación (o para unas diapositivas en concreto).

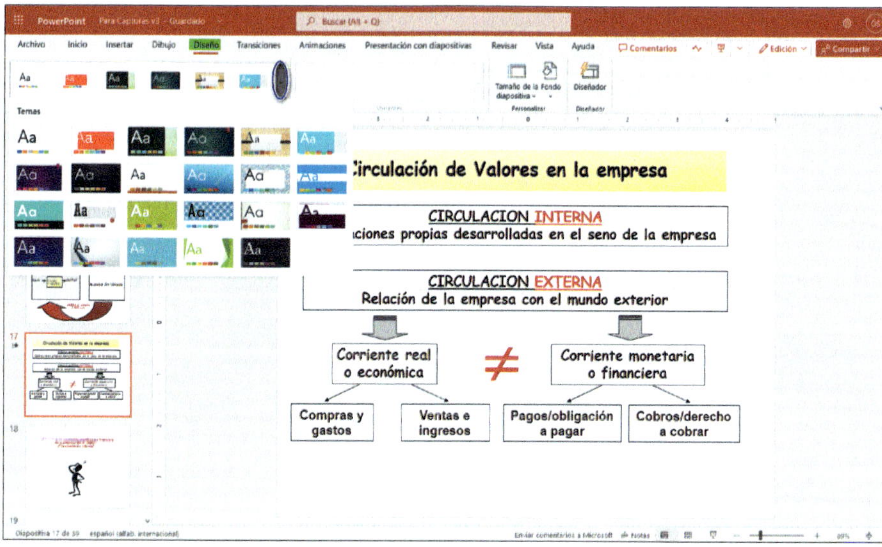

Al hacer clic en cualquiera de los temas que hay disponibles, el programa aplica el diseño a todas las diapositivas de la presentación.

6.2. Combinación de colores

Una vez seleccionado el tema, tenemos la opción se elegir entre diversas variantes, utilizando para ello las opciones disponibles en el grupo ***Variantes*** de la ficha ***Diseño***.

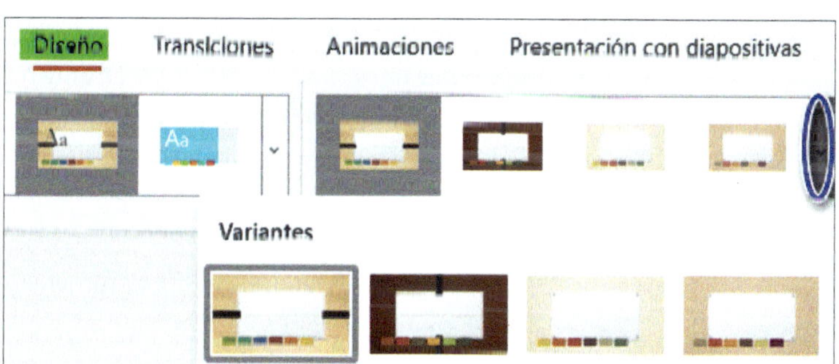

6.3. Fondos de diapositivas

PowerPoint utiliza una opción, llamada **Fondo**, disponible desde la ficha ***Diseño***, para agregar colores o imágenes para personalizar una diapositiva. Hay que tener en cuenta que los fondos siempre aparecen detrás del texto y de los objetos existentes en la diapositiva, y no pueden colocarse adelante con la opción organizar.

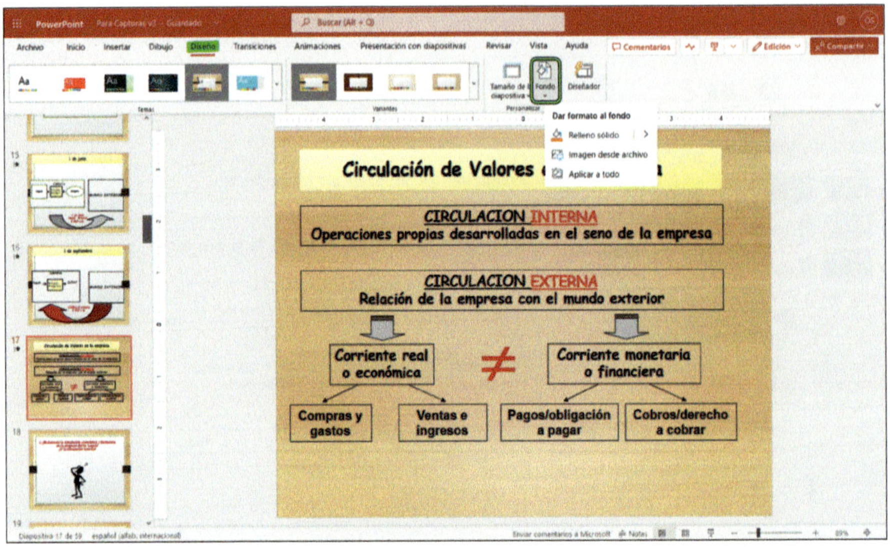

La creación de fondos es muy sencilla, disponiendo de las siguientes opciones:

- *Relleno sólido*, que permite elegir el color de fondo de las diapositivas.
- *Imagen desde archivo*, que, como su nombre indica, nos permite seleccionar una imagen para establecerla de fondo.
- *Aplicar a todo*. Gracias a esta opción podremos establecer el mismo fondo a todas las diapositivas de la presentación.

6.4. Diseñador

Esta opción solamente está disponible para los usuarios que cuentan con una suscripción a Office 365. Gracias a ella PowerPoint nos propondrá diferentes ideas de diseño, que variarán en función del diseño que tenga la diapositiva.

Por ejemplo, si tenemos una diapositiva con diseño de título, nos aparecerán sugerencias como las que puedes ver en la siguiente figura.

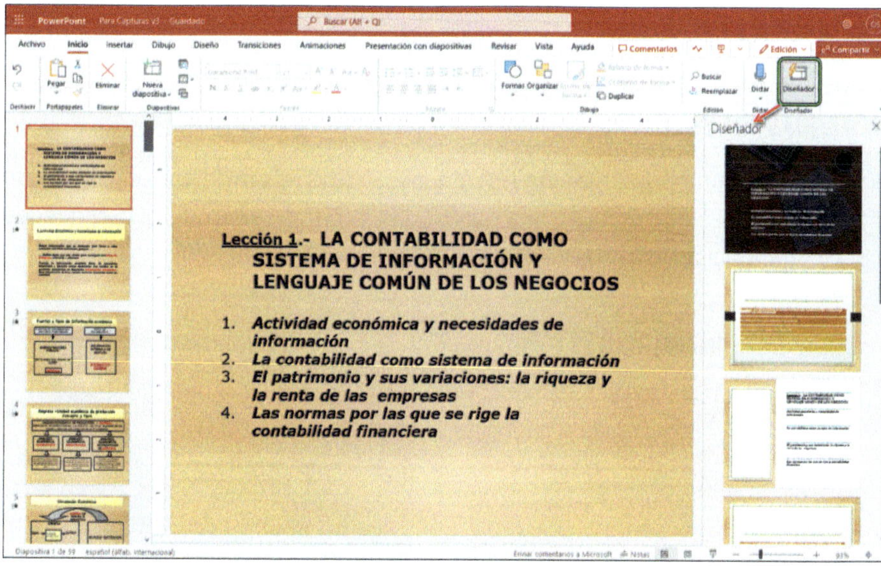

Si lo que hemos insertado es una imagen, nos aparecerán sugerencias como las siguientes.

Ejercicios prácticos

ACTIVIDAD 6.1

Vas a realizar una presentación relativa a los virus informáticos. El contenido de las diferentes diapositivas que conforman la presentación es el que puedes ver a continuación:

DIAPOSITIVA 1

DIAPOSITIVA 2

DIAPOSITIVA 3

DIAPOSITIVA 4

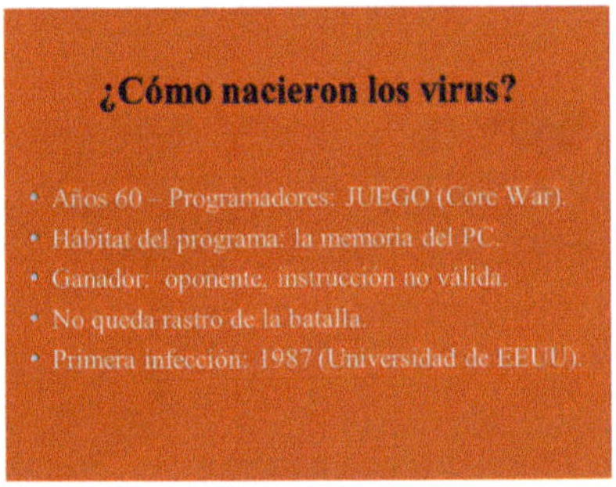

DIAPOSITIVA 5

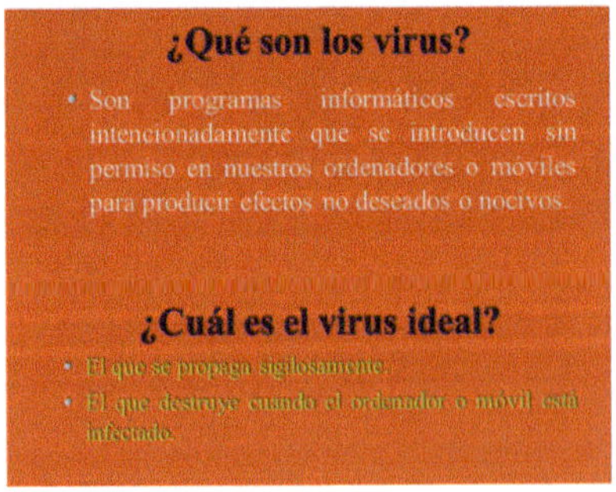

DIAPOSITIVA 6

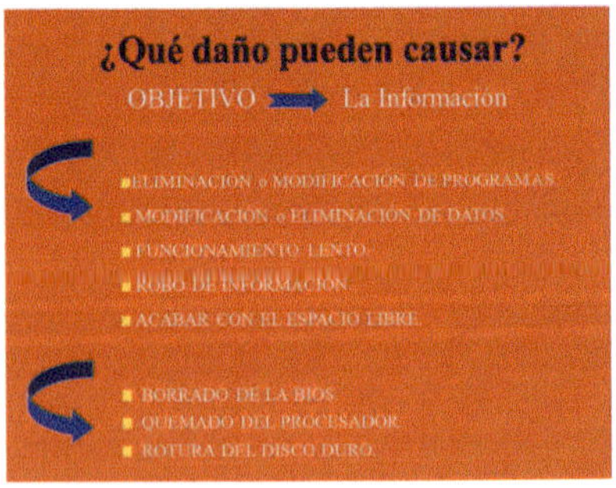

DIAPOSITIVA 7

DIAPOSITIVA 8

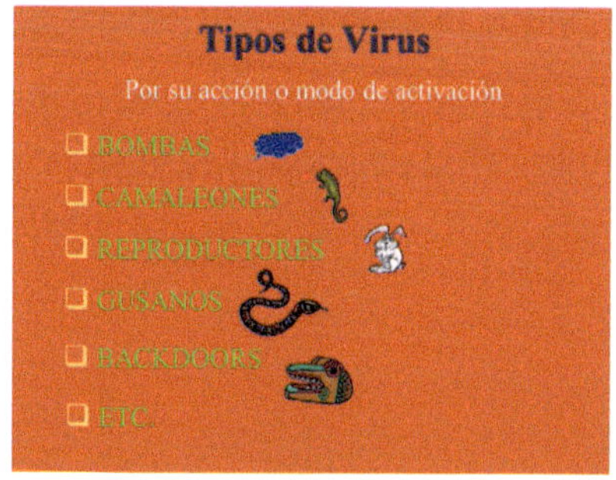

DIAPOSITIVA 9

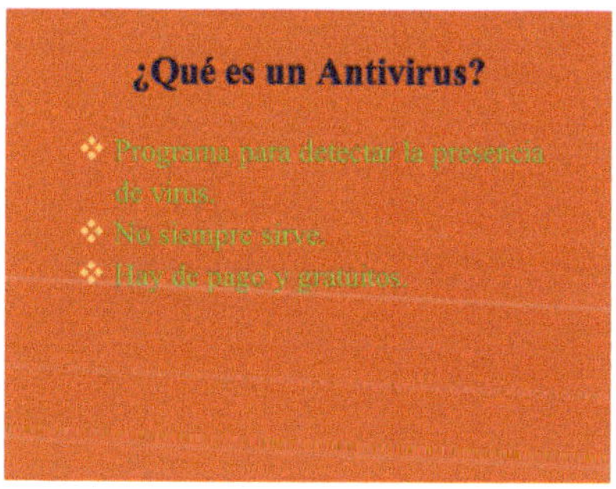

DIAPOSITIVA 10

Tienes que realizar la presentación lo más parecida posible a la muestra que se te da, teniendo en cuenta, además, que en la Dispositiva 7 tienes que insertar un vídeo de YouTube relacionado con los virus en tecnología.

Ten en cuenta también que a lo largo de toda la presentación estará sonando música, la que tú quieras.

ACTIVIDAD 6.2

Imagina que tienes una empresa, que solamente opera por Internet, dedicada a la venta de productos tecnológicos de segunda mano (móviles, portátiles, videoconsolas...) y debes realizar una presentación de la misma.

Diseña esa presentación teniendo en cuenta que la misma debe contener:

- Una diapositiva que sirva como presentación y que contenga un vínculo a la web de la empresa.
- Sonidos: se deberá integrar sonido en toda la presentación.

- Imágenes: todas las páginas deberán contener, al menos, una imagen.
- Vídeo: la presentación deberá incluir, al menos, dos vídeos.

La presentación será de catorce diapositivas, estableciendo en la primera el nombre de la empresa y su logotipo y, en la última, una frase de despedida.

7. Impresión de diapositivas en diferentes soportes

Introducción

Habitualmente, las presentaciones gráficas están destinadas a visualizarse en un medio digital: en una pantalla o en un proyector de vídeo. Sin embargo, en ocasiones puede ser necesario imprimir la presentación en papel para distribuirla, consultarla o archivarla.

Contenido

7.1. Configuración de la página

A través de esta opción podemos cambiar el tamaño, la orientación y la escala de las diapositivas. Para acceder a la configuración debemos ir a la ficha ***Diseño***, grupo ***Personalizar***, icono *Tamaño de la diapositiva*, tal y como puedes ver en la siguiente figura.

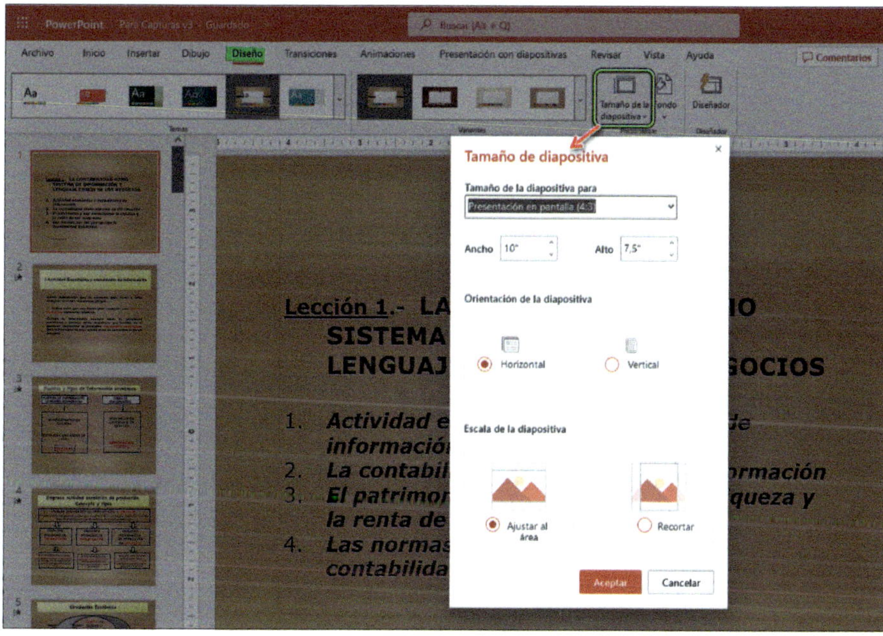

7.2. Pies y numeración

A las diapositivas se les puede insertar un pie de página y una numeración, realizando esta acción a través de la ficha ***Insertar***, grupo ***Pie de página***.

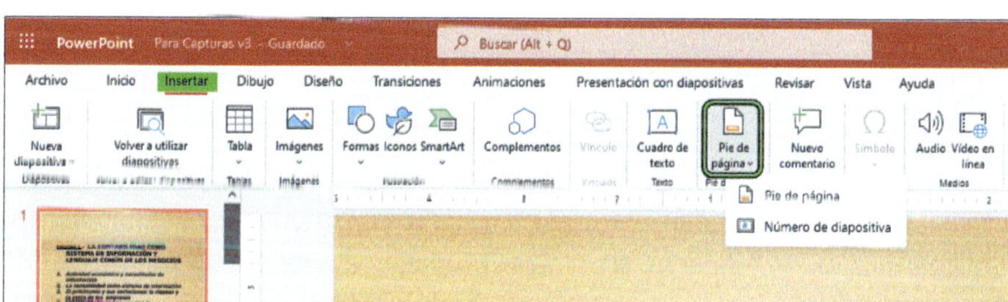

Al pulsar sobre cualquiera de las dos opciones disponibles, se nos abrirá el panel lateral derecho, con tres casillas de verificación:

- *Pie de página*. Al marcar la casilla, se nos habilitará el cuadro de texto para poder escribir lo que queremos que aparezca en el pie de página.

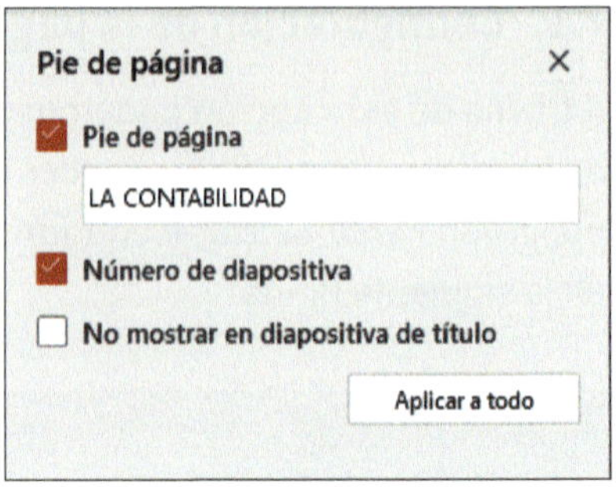

- *Número de diapositiva*. Al marcar la casilla, nos aparecerá en la parte inferior de la diapositiva el número de la misma.
- *No mostrar en diapositiva de título*. Al marcar la casilla, en la diapositiva que tenga el estilo de título, no aparecerá el pie de página.
- *Aplicar a todo*. Por defecto, lo establecido en estas opciones solamente se aplica a la diapositiva seleccionada. Sin embargo, al pulsar sobre este botón, podremos aplicar las opciones establecidas a todas las diapositivas de la presentación.

7.3. Configuración de los distintos formatos de impresión

En PowerPoint, podemos imprimir la presentación haciendo clic en la ficha ***Archivo*** y pulsando en la opción *Imprimir* (o, alternativamente, mediante el atajo de teclado *Ctrl* + *P*).

Al pinchar sobre él (o realizar la combinación de teclas mencionada), nos aparecerá un cuadro de diálogo en el que únicamente podremos abrir en PDF el documento, tal y como puedes ver en la siguiente imagen.

Se abrirá una nueva ventana del navegador para que puedas guardar el archivo generado o imprimirlo.

No obstante, debes tener en cuenta que en función del navegador que estés utilizando te saldrán cosas diferentes. Lo explicado anteriormente aparecerá si utilizas Mozilla; sin embargo, si utilizas Chrome, te aparecerá un cuadro de diálogo para imprimir, tal y como puedes ver en la siguiente imagen.

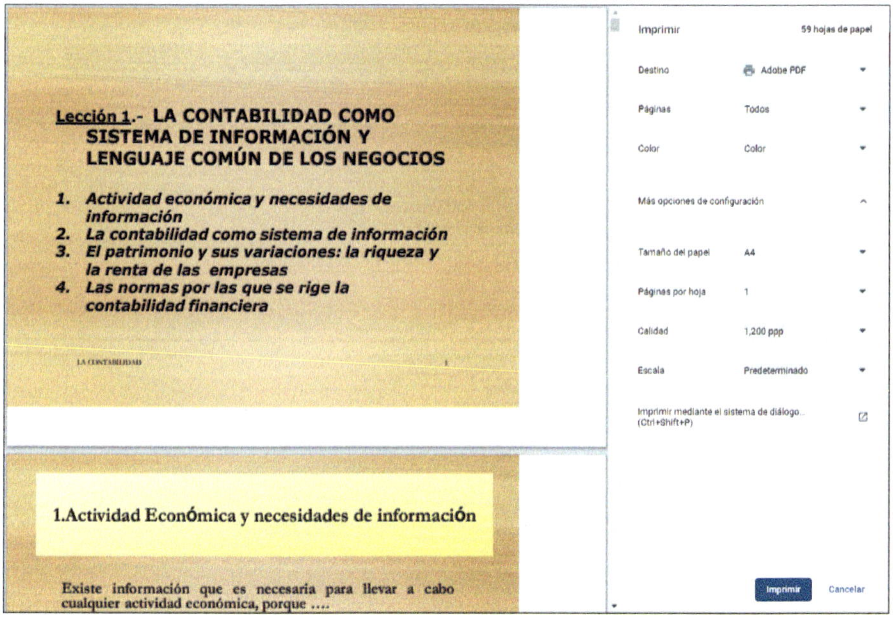

Al seleccionar la opción de impresión a través de la ficha ***Archivo***, nos aparecerán tres opciones, tal y como puedes ver en la siguiente figura. Las tres son similares, solo que al seleccionar la opción *Imprimir páginas de notas* se imprimirán las diapositivas junto con las notas que hayamos insertado. De la misma forma, al seleccionar la opción *Imprimir documentos*, las diapositivas aparecerán agrupadas de tres en tres.

7.4. Opciones de impresión

Tal y como se ha indicado en el apartado anterior, en función del navegador que estemos utilizando, las opciones de impresión que aparecen son diferentes. De esta forma, si utilizamos Chrome, desde la ventana que nos aparece podremos configurar las páginas a imprimir, el color o tamaño de las mismas, así como el número de páginas por hoja o la calidad.

Sin embargo, disponemos también de la opción *Imprimir mediante el sistema de diálogo...* a través del cual podremos seleccionar la impresora deseada y acceder a su configuración.

Hemos de indicar que cada impresora tiene distintas opciones de configuración, por lo que los cuadros que aparezcan dependerán de la que tengamos instalada. La mayoría de ellas presenta un aspecto similar al que se muestra en las siguientes figuras.

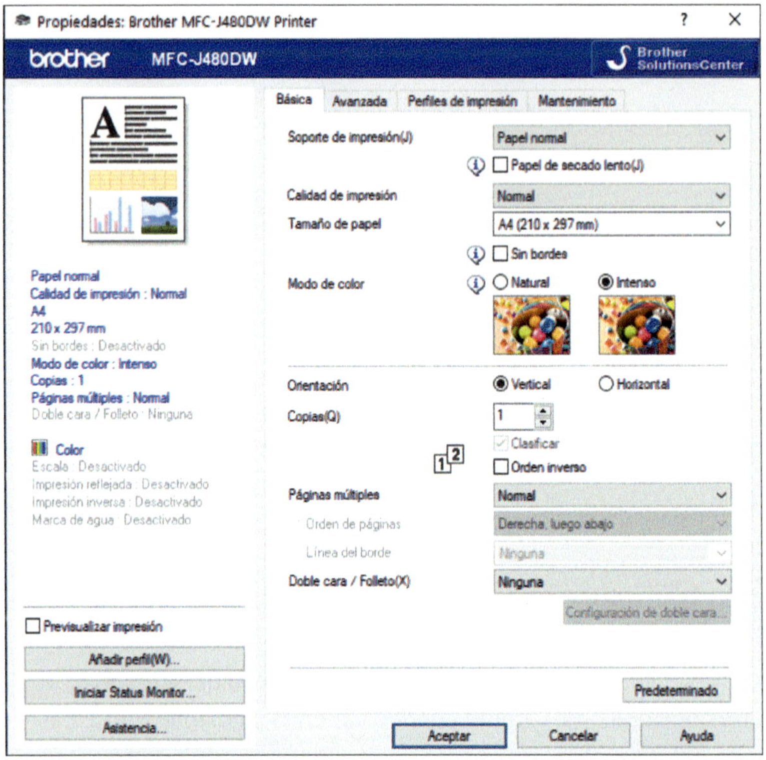
Propiedades: Brother MFC-J480DW Printer
brother MFC-J480DW
Brother SolutionsCenter
Básica
Avanzada
Perfiles de impresión
Mantenimiento
Soporte de impresión(J)
Papel normal
Papel de secado lento(J)
Calidad de impresión
Normal
Tamaño de papel
A4 (210 x 297 mm)
Sin bordes
Modo de color
Natural
Intenso
Orientación
Vertical
Horizontal
Copias(Q)
1
Clasificar
Orden inverso
Páginas múltiples
Normal
Orden de páginas
Derecha, luego abajo
Línea del borde
Ninguna
Doble cara / Folleto(X)
Ninguna
Configuración de doble cara...
Predeterminado
Papel normal
Calidad de impresión : Normal
A4
210 x 297 mm
Sin bordes : Desactivado
Modo de color : Intenso
Copias : 1
Páginas múltiples : Normal
Doble cara / Folleto : Ninguna
Color
Escala : Desactivado
Impresión reflejada : Desactivado
Impresión inversa : Desactivado
Marca de agua : Desactivado
Previsualizar impresión
Añadir perfil(W)...
Iniciar Status Monitor...
Asistencia...
Aceptar
Cancelar
Ayuda

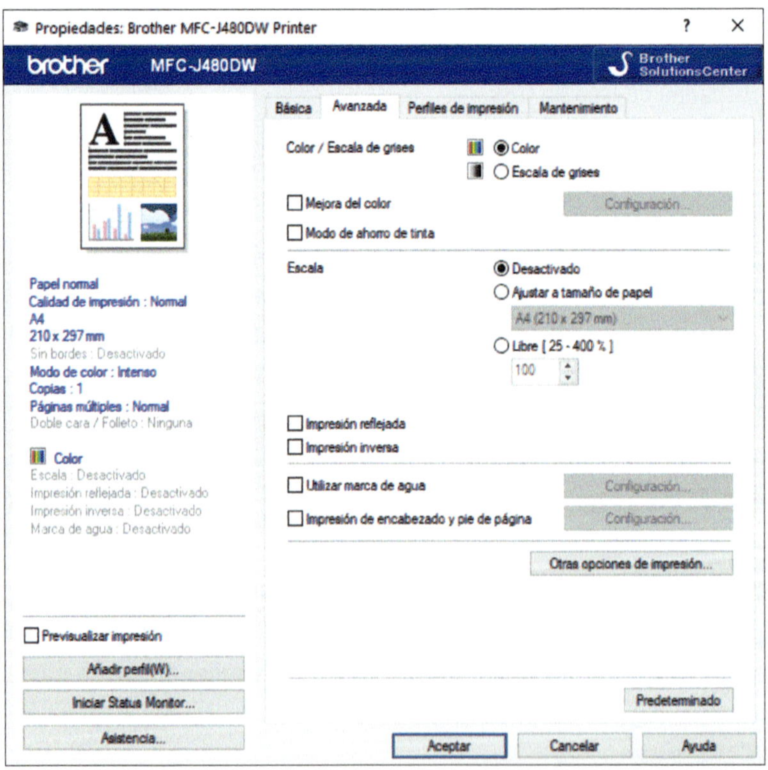
Propiedades: Brother MFC-J480DW Printer
brother MFC-J480DW
Brother SolutionsCenter
Básica
Avanzada
Perfiles de impresión
Mantenimiento
Color / Escala de grises
Color
Escala de grises
Mejora del color
Configuración...
Modo de ahorro de tinta
Escala
Desactivado
Ajustar a tamaño de papel
A4 (210 x 297 mm)
Libre [25 - 400 %]
100
Impresión reflejada
Impresión inversa
Utilizar marca de agua
Configuración...
Impresión de encabezado y pie de página
Configuración...
Otras opciones de impresión...
Predeterminado
Papel normal
Calidad de impresión : Normal
A4
210 x 297 mm
Sin bordes : Desactivado
Modo de color : Intenso
Copias : 1
Páginas múltiples : Normal
Doble cara / Folleto : Ninguna
Color
Escala : Desactivado
Impresión reflejada : Desactivado
Impresión inversa : Desactivado
Marca de agua : Desactivado
Previsualizar impresión
Añadir perfil(W)...
Iniciar Status Monitor...
Asistencia...
Aceptar
Cancelar
Ayuda

8. Presentación de diapositivas teniendo en cuenta lugar e infraestructura

Introducción

Uno de los aspectos más interesantes de las presentaciones gráficas es la posibilidad de proporcionarles movimiento mediante diversos efectos. En primer lugar, podemos incluir animaciones para los elementos de cada una de las diapositivas, de modo que aparezcan o desaparezcan efectuando un movimiento, o desaparezcan desvaneciéndose gradualmente, entre otras muchas posibilidades. En segundo lugar, podemos definir unas transiciones entre diapositivas para que el paso entre una y otra se lleve a cabo mediante un determinado efecto: por ejemplo, que una desplace a la otra horizontal o verticalmente, o bien que se produzca un fundido entre ambas.

Todo lo que hemos aprendido hasta el momento tiene un objetivo final: realizar la presentación al público. Para ello tendremos que realizar la proyección de la misma, pero previamente es recomendable realizar un ensayo de la misma.

Esto es lo que aprenderemos en este apartado.

Contenido

8.1. Animación de elementos

Las animaciones son una forma de proporcionar dinamismo al contenido de una diapositiva; de este modo, los elementos de la diapositiva animados aparecerán o desaparecerán efectuando un movimiento, un barrido, un desvanecimiento gradual, etc. Existen múltiples efectos que se pueden incorporar a una presentación gráfica.

En PowerPoint, la ficha ***Animaciones*** permite aplicar animaciones a los elementos, que se deben seleccionar previamente. Para escoger el efecto de animación se dispone del grupo ***Animación***.

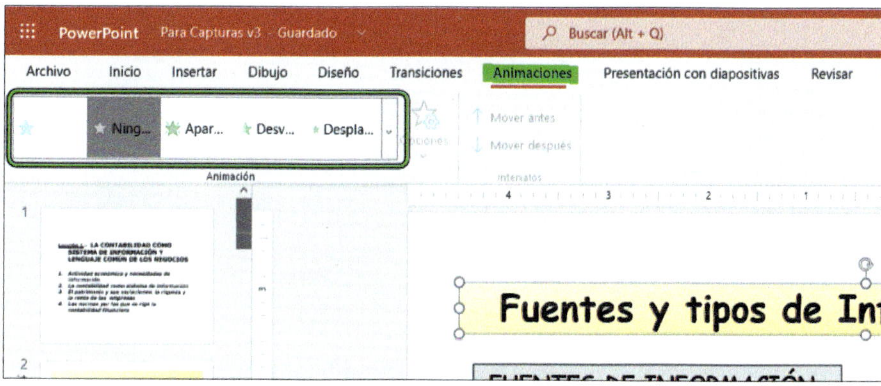

Al desplegar el menú, nos aparecerán todos los efectos que tenemos disponibles, organizados según tres categorías: *Entrada, Énfasis* y *Salir.*

Una vez seleccionado el efecto, se pueden modificar algunos de sus parámetros, a través del botón *Opciones*.

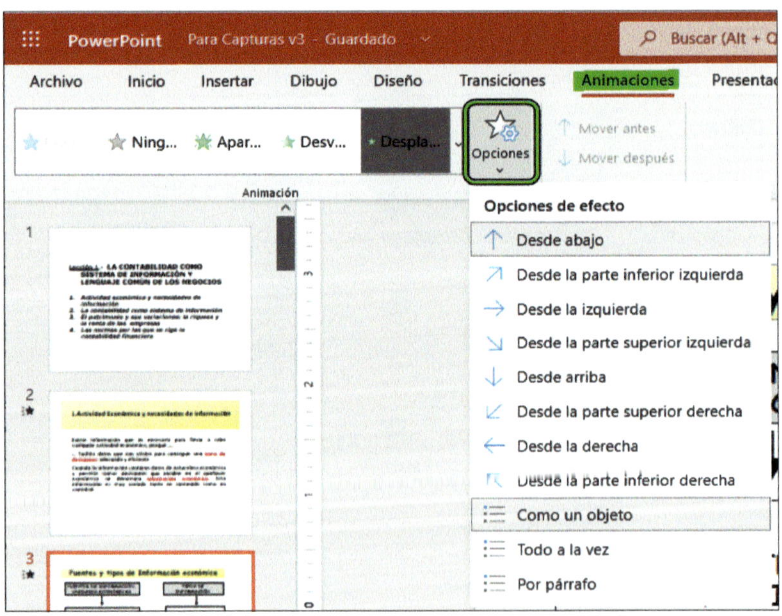

Las opciones disponibles dependerán del tipo de animación que hayamos seleccionado.

8.2. Transición de diapositivas

Para cada una de las diapositivas de la presentación se puede definir una determinada transición a dicha diapositiva. La transición determina cómo se producirá el paso de la diapositiva anterior a la actual.

Esta transición se establece a través de la ficha ***Transiciones***, a través del grupo que lleva el mismo nombre. En ella se puede observar una lista resumida de efectos de transición; para ver todos los efectos disponibles, se pulsará sobre la flecha situada a la derecha de esta lista resumida.

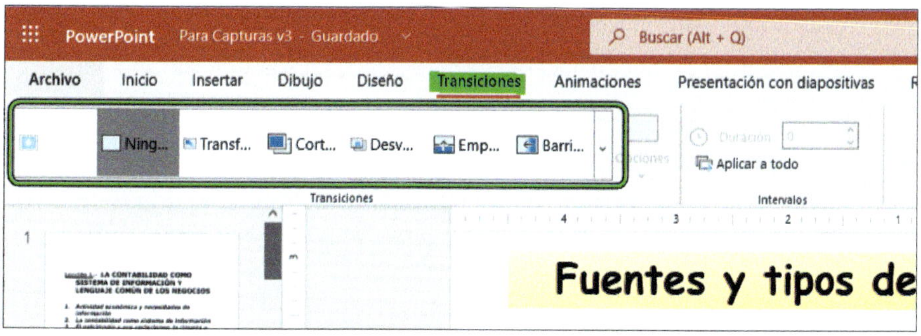

Existen diversos tipos de efectos, agrupados en tres categorías: *Sutil*, *Llamativo* y *Contenido dinámico*, tal y como puedes ver en la siguiente figura.

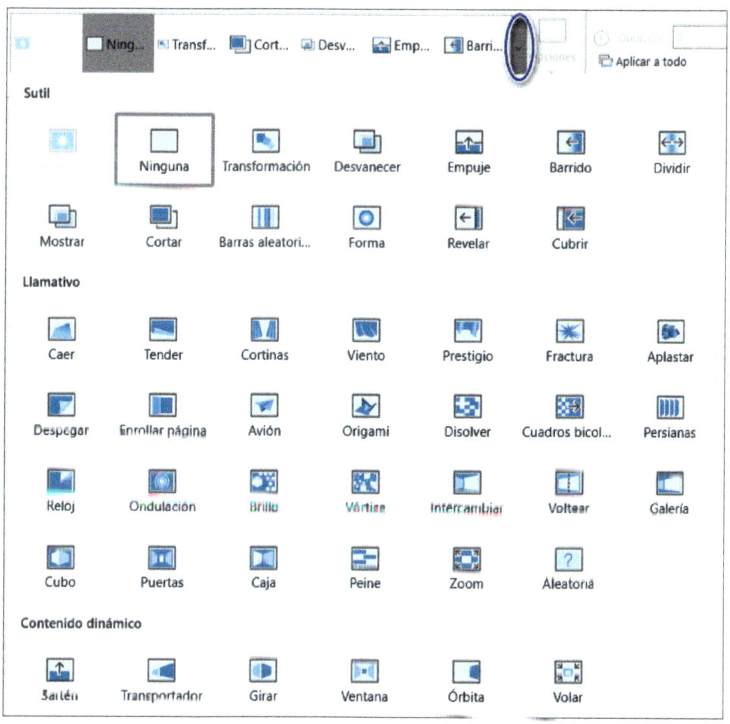

La ficha ***Transiciones*** también tiene disponible el grupo ***Intervalos*** a través del cual estableceremos la duración de la transición así como si deseamos aplicarla a todas las diapositivas.

8.3. Conexión a un proyector y configuración

En muchos casos la presentación gráfica está destinada a ser visualizada en público a través de un dispositivo proyector. Estos equipos pueden conectarse de diversos modos, pero lo más habitual es su conexión a través de un cable vídeo como los que conectan los ordenadores de sobremesa con sus monitores.

La conexión del cañón puede hacerse de diversos modos según las características del equipo que estemos empleando y de las prestaciones de su tarjeta de vídeo:

- Si empleamos un equipo portátil (este es el caso más habitual cuando se emplea una presentación en una ponencia, un congreso, una reunión de trabajo), el proyector se conecta a la salida VGA o HDMI del ordenador.

- Si debemos conectar el proyector mediante un ordenador de sobremesa cuya tarjeta gráfica solo tiene una salida, es preciso apagar el ordenador, desconectar el cable de vídeo del monitor, conectar el del cañón y volver a encender el equipo. En este caso solo podremos visualizar la presentación en la pantalla de proyección.
- Muchas de las tarjetas gráficas para ordenadores de sobremesa presentes actualmente en el mercado disponen de varias salidas de vídeo. En este caso, podremos conectar el proyector a una de ellas manteniendo la conexión al monitor en la otra.

8.4. Ensayo de la presentación

Una vez que se ha realizado una presentación, y antes de proceder a su exposición, es necesario realizar un ensayo para supervisar:

- Animaciones y transiciones de las diapositivas.
- Intervalos de tiempo.

- Tipos de letra, tamaños, colores.
- Etc.

Debemos ser conscientes que en algunas ocasiones, de la presentación que se realice dependerá la venta de un producto, la contratación de un servicio...

Cada diapositiva tiene su identidad propia, ya sea por la extensión de texto, por la cantidad de animaciones, por la importancia de las imágenes, etc.; por ello es difícil que todas las diapositivas puedan recibir un intervalo igual.

Para hacernos una idea del tiempo que necesita cada diapositiva, tenemos la opción *Ensayar con el entrenador* de la ficha ***Presentación con diapositivas***, grupo ***Asesor***. Al pulsar sobre el botón, la presentación pasará a ocupar la pantalla completa y en la parte inferior derecha nos aparecerá un cuadro informativo, tal y como puedes ver en la figura.

Al pulsar sobre el botón *Empezar a ensayar* aparecerá la diapositiva correspondiente con un reloj y un micrófono.

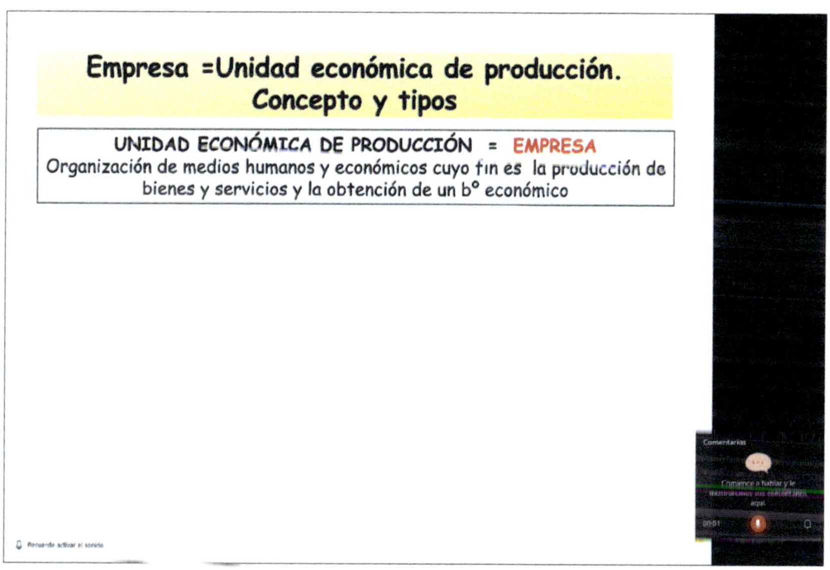

Al finalizar, nos aparecerá un informe con las características más relevantes del ensayo realizado, tal y como puedes comprobar en la siguiente figura.

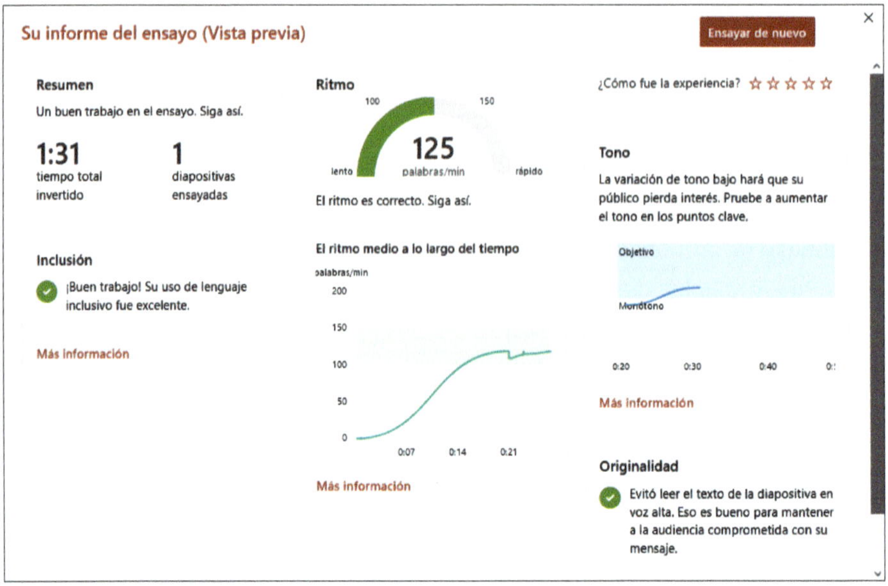

8.5. Proyección de la presentación

Hasta aquí nos hemos dedicado a preparar cuidadosamente nuestra presentación, a agregarle diversos estilos, insertar elementos de texto y objetos gráficos y a incorporarle vídeos, animaciones, transiciones y efectos sonoros.

¿Cómo podemos poner todo esto en juego y visualizar la presentación con todas estas características?

PowerPoint dispone de una ficha denominada ***Presentación con diapositivas;*** en el grupo ***Iniciar presentación con diapositivas*** encontraremos varios botones para iniciar el modo de *Presentación:* podemos escoger presentar el documento *Desde el principio* o bien *Desde la diapositiva actual*; asimismo, disponemos de la opción de *Presentar en Teams* o *Presentar en directo*.

Debes tener en cuenta que para visualizar todas las características de la presentación y verla en pantalla completa debemos activar el modo *Presentación*.

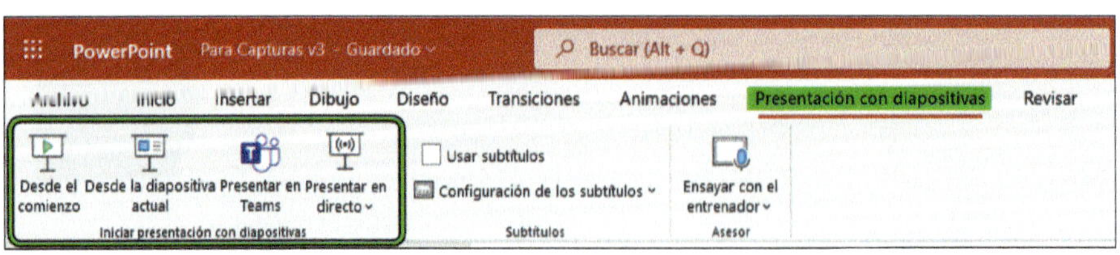

Según cómo hayamos configurado las transiciones entre diapositivas, PowerPoint las mantendrá en pantalla durante un lapso de tiempo o esperará nuestra señal para pasar a la siguiente. Existen diversos modos de hacerlo: mediante las flechas de desplazamiento o mediante el botón izquierdo del ratón. También existen mandos a distancia que permiten pasar las presentaciones mediante control remoto.

8.6. Trabajo colaborativo con Teams

Microsoft Teams es una aplicación informática para realizar trabajo colaborativo. A través de ella los miembros de una organización pueden:

- Organizarse en equipos y desarrollar su trabajo.
- Chatear con una persona o con un grupo.
- Compartir archivos (documentos, hojas de cálculo, presentaciones…).
- Realizar videollamadas, tanto de uno a uno como en grupo, pudiendo compartir tu pantalla o, en la llamada, ceder el control de la misma a otra persona.
- Elaborar archivos de forma colaborativa y concurrente, comentando cualquier cuestión que se considera, quedándose esta almacenada sin necesidad de enviar correos electrónicos.
- Incorporarse más tarde a un equipo, o ser invitado al mismo, accediendo a todo el histórico de información de ese equipo.

Para entrar en Teams solamente debes iniciar sesión en Microsoft 365 y seleccionar el icono **Teams**.

El aspecto de la aplicación es la que puedes ver en la siguiente imagen.

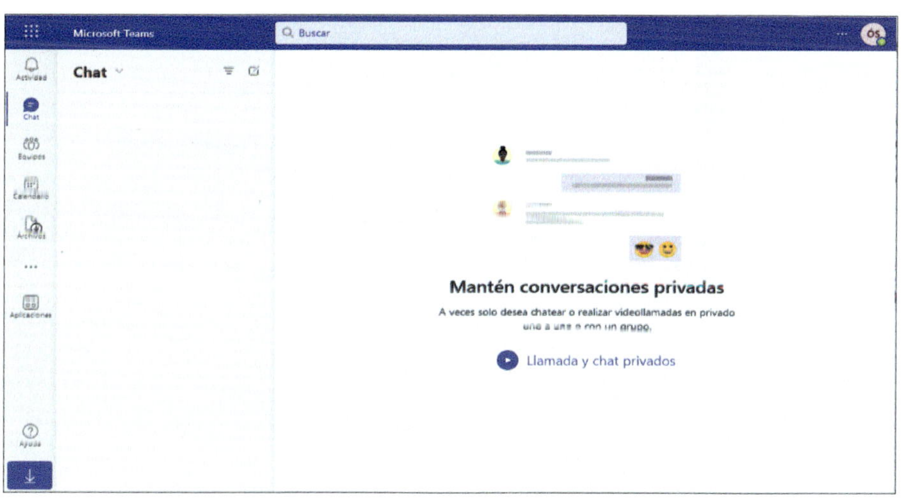

Como puedes comprobar, lo primero que tenemos disponible es una barra de búsqueda en la parte superior. Gracias a ella podremos:

- Buscar personas o equipos.
- Buscar aplicaciones (bastará con empezar la búsqueda con una @).
- Ejecutar comandos (empezando a escribir con una /).

Debes tener en cuenta que, además de poder trabajar desde la versión web, también puedes descargar la aplicación de escritorio desde el icono de la parte inferior izquierda. La aplicación de escritorio frente a la versión web dispone de funcionalidades ligeramente más avanzadas.

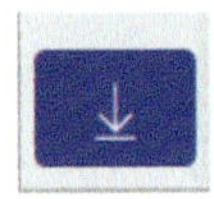

Además, puedes descargar Microsoft Teams en cualquier dispositivo Windows, Mac, iOS y Android y conectarte a Teams desde cualquier lugar.

Desde el sitio web de Microsoft puedes descargarte la **Guía de Inicio Rápido**, disponible en la URL https://www.microsoft.com/es-xl/pymes/wp-content/uploads/2020/05/Gu%C3%ADa-R%C3%A1pida-de-Inicio-Teams.pdf.

De acuerdo con lo establecido en esta guía, las partes fundamentales de la pantalla principal son las que puedes ver en la siguiente imagen.

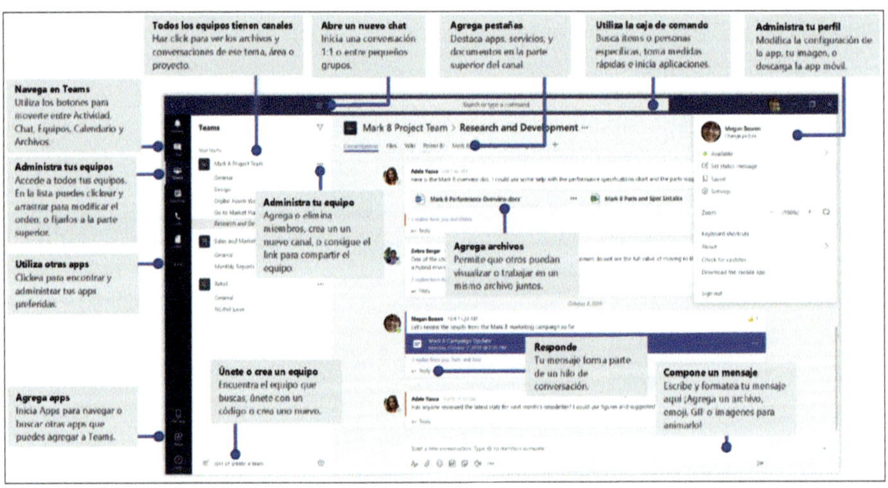

Las opciones disponibles en la barra de navegación izquierda son:

Actividad	Desde esta opción puedes observar los últimos chats, llamadas perdidas, archivos abiertos..., es decir, un registro de la última actividad que has llevado a cabo.
Chat	Esta opción te permite iniciar nuevos chats o acceder a chats que ya han pasado.
Equipos	En Teams puedes tener diversos equipos a los que perteneces, cada uno con sus conversaciones y sus documentos. Ten en cuenta que el concepto de Equipo es análogo al concepto de Grupo en WhatsApp.
Calendario	Gracias a él puedes programar citas o reuniones. Su funcionamiento es similar a cualquier otro calendario, como el del móvil.
Llamadas	Te permitirá hacer llamadas o videollamadas a una persona que esté conectada a Teams.
Archivos	Desde esta opción podrás acceder a los archivos utilizados dentro de Teams, así como a los que tienes en OneDrive.
...	Con esta opción podrás acceder a otras aplicaciones agregadas a Teams, como puede ser Word, Excel o PowerPoint, entre otras muchas.
Aplicaciones	Esta opción permite añadir nuevas aplicaciones a Teams.

Para trabajar de forma colaborativa en un documento de Word 365 debes acceder a la opción **Equipos**, debiendo seleccionar la ficha **Archivos**, tal y como puedes ver en la siguiente imagen.

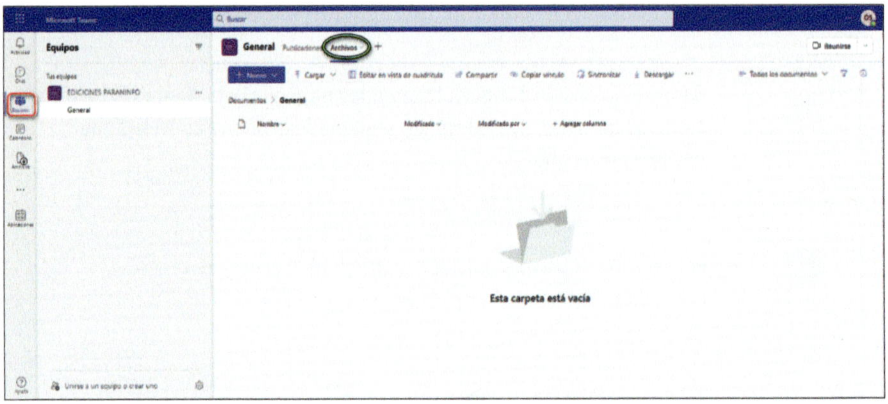

Como puedes comprobar, puedes crear un archivo **Nuevo** o **Cargar** alguno disponible en cualquier unidad de almacenamiento.

Al seleccionar la opción **Nuevo** podrás elegir entre alguna de las opciones que puedes ver en la siguiente imagen.

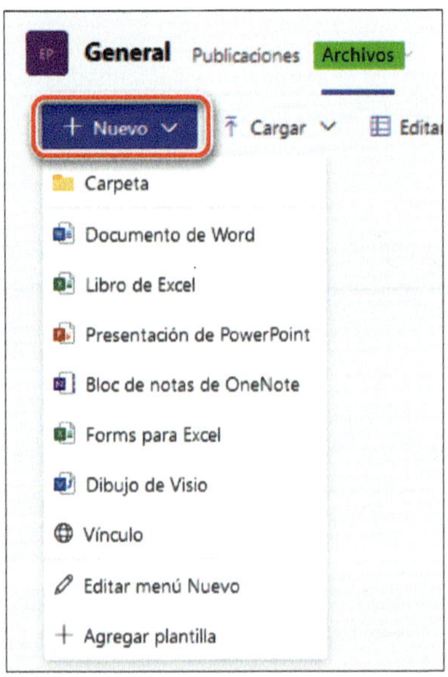

Si seleccionas **Presentación de PowerPoint** podrás comprobar que se abre una nueva presentación de PowerPoint 365 que, aunque tiene una apariencia semejante a la que has estado viendo hasta ahora, puedes comprobar que está integrada dentro de la opción Teams.

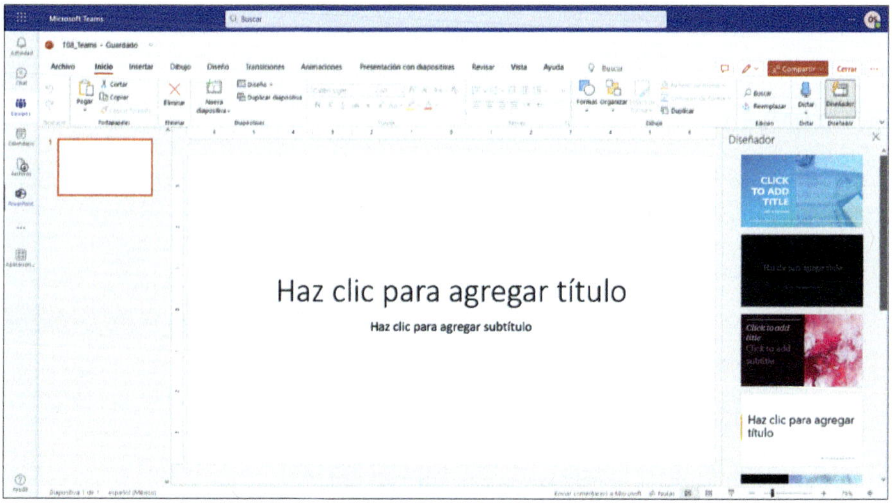

Ten en cuenta que lo que publicas en **Archivos** quedará visible para todos los compañeros del grupo, pudiendo realizar ellos comentarios y modificaciones si así lo has configurado.

De la misma forma, todos los archivos que publiques en el chat con tus compañeros se guardarán de forma automática en la pestaña de Archivos.

Ejercicios prácticos

ACTIVIDAD 8.1

Contesta a las siguientes preguntas relacionadas con la elaboración de presentaciones. Busca ayuda en internet si es necesario.

1. ¿Qué es una presentación de diapositivas?
   - ☐ Un documento que puede incluir diversos contenidos de texto, gráficos y sonidos.
   - ☐ Un documento formado por diapositivas.
   - ☐ Un material de apoyo para una exposición oral.
   - ☐ Todas las respuestas anteriores son correctas.
2. ¿Para qué sirve el área de notas?
   - ☐ Para indicar a PowerPoint el tiempo que debe durar cada diapositiva.
   - ☐ Para escribir indicaciones que no se mostrarán en la vista *Presentación* con diapositivas.
   - ☐ No existe ningún área de notas en la aplicación.
   - ☐ Ninguna de las respuestas anteriores es correcta.
3. ¿Qué es una animación?
   - ☐ El efecto con el que se pasa de una diapositiva a otra.
   - ☐ Cualquier vídeo o sonido que insertemos en la diapositiva.
   - ☐ Una herramienta para unificar el estilo de las diapositivas.
   - ☐ Ninguna de las respuestas anteriores es correcta.
4. ¿Para qué sirve la vista en miniaturas?
   - ☐ Para tener una forma rápida y sencilla de navegar por la presentación.
   - ☐ Para efectuar operaciones básicas con las diapositivas, tales como insertar, eliminar, mover, duplicar, etc.
   - ☐ Para poder ver rápidamente un esbozo del diseño de las diapositivas que forman la presentación.
   - ☐ Todas las respuestas anteriores son correctas.

5. Si quisiéramos que entre las diapositivas 3 y 4 exista un fundido, ¿qué haríamos?

   - ☐ Aplicar una transición a la diapositiva 3.
   - ☐ Aplicar una transición a la diapositiva 4.
   - ☐ Aplicar una animación a la diapositiva 3.
   - ☐ Aplicar una animación a la diapositiva 4.

6. ¿Qué es una plantilla?

   - ☐ Un documento que, entre otras cosas, permite crear diversas presentaciones con la misma imagen de fondo.
   - ☐ Un documento que, una vez creado, ya no se puede modificar.
   - ☐ Un documento con extensión .pptx.
   - ☐ Ninguna de las respuestas anteriores es correcta.

7. ¿Cómo podemos crear una presentación a partir de una plantilla guardada?

   - ☐ Haciendo clic sobre la ficha ***Archivo*** y la opción *Nuevo*.
   - ☐ Mediante uno de los complementos disponibles en Microsoft Office Online.
   - ☐ A través del botón Insertar desde plantilla de la ficha *Insertar*.
   - ☐ Ninguna de las respuestas anteriores es correcta.

8. ¿Cómo podemos ensayar la presentación?

   - ☐ Imprimiéndola en papel o en PDF.
   - ☐ Mediante la vista de esquema.
   - ☐ Mediante la ficha ***Presentación con diapositivas***.
   - ☐ Ninguna de las respuestas anteriores es correcta.

9. Cuando estamos visualizando una presentación de diapositivas, ¿cómo pasamos de una diapositiva a la siguiente?

   - ☐ Con la flecha de desplazamiento hacia la derecha.
   - ☐ Con la tecla *Av Pág.*
   - ☐ Con el ratón.
   - ☐ Todas las respuestas anteriores son correctas.

10. ¿Es posible incrustar un vídeo en nuestra presentación?

- ☐ Sí; podemos insertar cualquier vídeo.
- ☐ No; sería necesario descargarlo y pasarlo a un formato compatible con Microsoft Office para poderlo incrustar.
- ☐ No; solamente podemos insertar sonido.
- ☐ Sí; pero solamente a través de determinados proveedores de vídeos.

ACTIVIDAD 8.2

Imagina que trabajas en una empresa y es preciso preparar una plantilla para las diversas presentaciones públicas que se realizarán en el futuro. Dicha plantilla debe incluir un logotipo (que debes buscar en Internet), un título general, un cierto color o trama de fondo y un pie con el número de la diapositiva y algún otro elemento que te parezca oportuno.

ACTIVIDAD 8.3

Prepara una presentación de entre diez y doce diapositivas sobre algún tema de tu interés (música, cine, literatura, deporte...). Las diapositivas deberán incluir elementos de texto, imágenes y algún estilo que les dé uniformidad y que resulte acorde con el tema tratado. Se deberán incluir efectos de animación y transiciones entre diapositivas, empleando en cualquier caso estos elementos con sentido común.

ACTIVIDAD 8.4

El objetivo de esta actividad es que crees una nueva presentación aplicando:

- Plantillas (podrás elegir cualquiera de las disponibles).
- Autoformas e imágenes.
- Transiciones y animaciones.

DIAPOSITIVA 1

DIAPOSITIVA 2

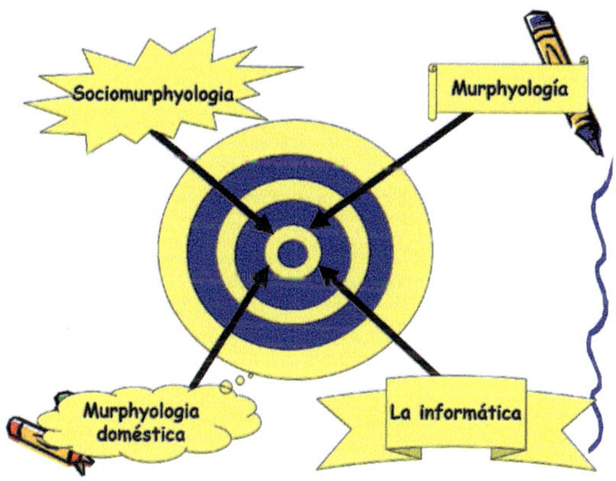

En esta segunda diapositiva, una vez realizada, agruparás todos los elementos que componen la diana.

DIAPOSITIVA 3

DIAPOSITIVA 4

Murphyologia

- ✓ LEY DE MURPHY
  Si algo puede salir mal, saldrá mal.
- ✓ POSTULADO DE BOLING
  Si se encuentra bien, no se preocupe. Se le pasará.
- ✓ COMENTARIO DE O'TOOLE SOBRE LA LEY DE MURPHY.
  Murphy era un optimista.
- ✓ PARADOJA DE MURPHY
  Siempre es más fácil hacerlo de la forma más difícil.

DIAPOSITIVA 5

Murphyologia doméstica

Los aparatos multiusos no cumplen adecuadamente ninguna de sus funciones.

✓ Corolario

Cuanto más caro sea el artefacto, menos se usará.

Cuanto más sencillas sean las instrucciones (por ejemplo, "Presionar aquí"), más difícil será abrir la caja.

Si encuentra una receta de su abuela en un libro viejo, el ingrediente más importante será ilegible.

✓ LEY DE LA FIESTA

Cuantas más cosas prepare, menos comerán los invitados.

✓ LEY DE SKOFF

Un niño nunca derramará nada en un suelo sucio.

✓ LEY DE VAN ROY

Un juguete irrompible sirve para romper otros.

DIAPOSITIVA 6

La informática

- ✓ Nada es tan fácil como parece.
- ✓ Cuando intentes demostrar a alguien que una máquina no funciona, funcionará.
- ✓ Cuando se ha detectado y corregido un error, se suele descubrir que no era un error.
- ✓ Si un experimento funciona, es que algo ha ido mal.
- ✓ Cualquier programa, cuando funciona, es que se ha quedado antiguo.
- ✓ Cualquier programa cuesta más caro y se necesita más tiempo.
- ✓ Si un programa es útil, habrá que cambiarlo.
- ✓ Si un programa es inútil, habrá que demostrarlo.
- ✓ Un programa tiene más posibilidades de no funcionar:
  - ✓ Cuanto más lo necesitas.
  - ✓ Cuantas más ganas tenías de probarlo.

DIAPOSITIVA 7

Para pasar de una diapositiva a la siguiente utiliza los siguientes tipos de transiciones:

- Transformación.
- Persianas.
- Forma.
- Peine.
- Disolver.
- Empuje.

ACTIVIDAD 8.5

Realiza la siguiente presentación relacionada con la Semana Santa, teniendo en cuenta que todos los elementos de la presentación deben tener alguna animación y las dispositivas deben tener transición.

DIAPOSITIVA 1

DIAPOSITIVA 2

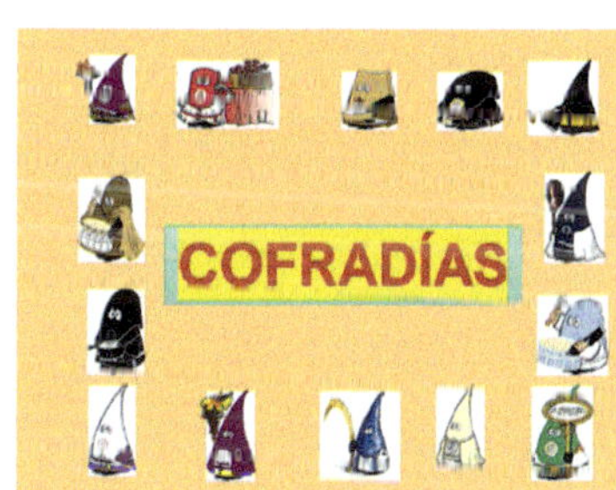

DIAPOSITIVA 3	DIAPOSITIVA 4

DIAPOSITIVA 5	**DIAPOSITIVA 6**
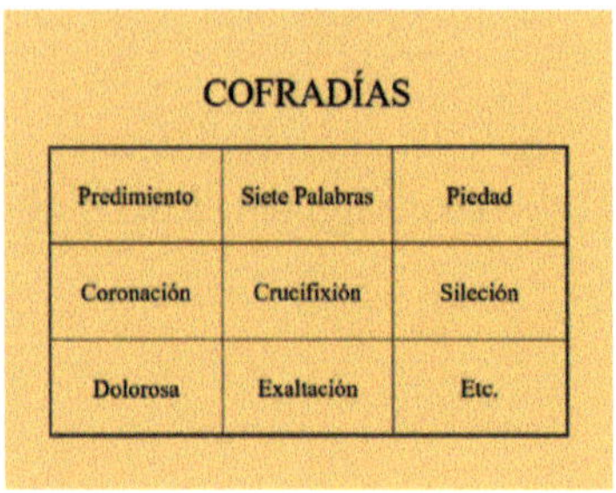	

ACTIVIDAD 8.6

Se desea crear una presentación del Sistema Solar, para lo cual nos vamos a basar en las siguientes consideraciones:

1. El estilo de todas las diapositivas será el que tú consideres más adecuado para esta presentación.
2. La transición de todas las diapositivas será «Barrido», con una duración de 2 segundos.
3. Las particularidades de la primera diapositiva son:
   - Título:
     - — Tipo de letra: Comic Sans MS
     - — Tamaño: 48 puntos con sombra
     - — Color: Amarillo
   - Imagen: Estilo Marco moderado, negro

4. Las diapositivas con los planetas tienen las siguientes características generales:

    - Nombre del planeta:
        — Tipo de letra: Arial
        — Tamaño: 36 puntos
        — Color: Amarillo
        — Animación: Énfasis → Agrandar y reducir
    - Foto del planeta:
        — Animación: Entrada → Remolino
    - Título:
        — Tipo de letra: Book Antiqua
        — Tamaño: 24 puntos
        — Color: Rojo
        — Animación: Entrada → Cuadros bicolores
    - Texto en viñetas:
        — Tipo de letra: Book Antiqua
        — Tamaño: 18 puntos
        — Color: Automático
        — Interlineado: 0,8 líneas
        Antes del párrafo: 14.4 pt
        Después del párrafo: 14.4 pt
        — Animación: Entrada → Desplazar hacia arriba

5. Además de todo lo indicado en el apartado anterior, a la diapositiva de Plutón hay que añadirle la imagen llamada «Giro». El texto situado en la parte superior de la imagen está escrito con letra Arial de 20 puntos.

Además, la animación será la siguiente:

- Texto (Eje de giro de los Planetas):
  - — Animación: Entrada → Zoom
- Imagen:
  - — Animación: Entrada → Elevar

6. En la diapositiva de Júpiter hay que agregarle el vídeo de Júpiter (búscalo en Internet).
7. La tabla que hay en la presentación tiene las siguientes particularidades:
   - El título está escrito con letra Comic Sans MS con efecto sombra y centrado.
   - El texto de la primera fila de la tabla está escrito en Arial de 16 puntos, en negrita, color azul y centrado vertical y horizontalmente.
   - El texto del resto de la tabla está en color rojo.
   - El relleno de las filas se va alternando, de tal forma que una será en color blanco y el otro en gris claro.
8. La colocación de las diapositivas será la que se muestra a continuación:

9. El contenido de las distintas diapositivas es:

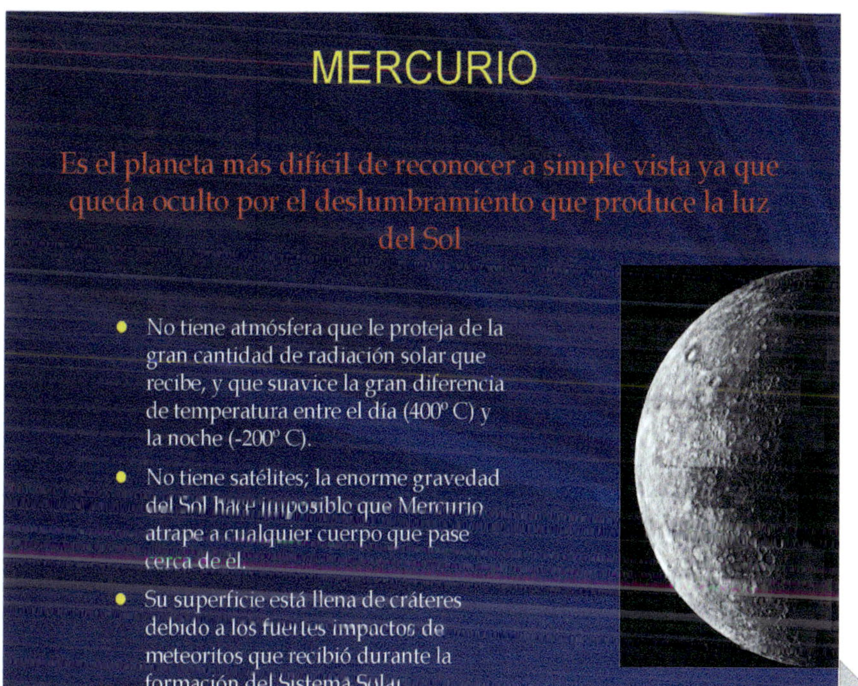

VENUS

Es el segundo planeta más cercano al Sol, es el más estudiado y admirado desde la antigüedad. Algunas veces se le llama *Lucero del Alba* y otras *Lucero Vespertino*

- Está cubierto por un denso manto de nubes de vapor de agua y ácido sulfúrico, que impiden ver su superficie.
- Los vientos que se originan en ella (1.000 km./h) fueron la causa del destrozo de las sondas espaciales que se enviaron durante años para estudiarlo.
- El manto de nubes actúa casi como un cristal que va calentando su superficie y hace que se alcancen temperaturas de 460º C y una presión 100 veces mayor que la de la Tierra.

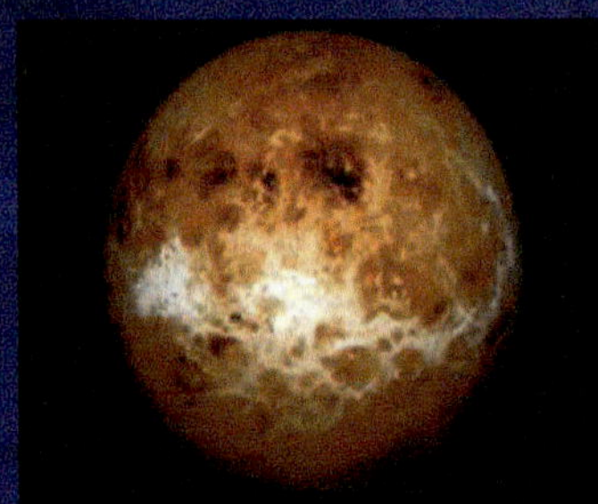

LA TIERRA

Desde el espacio se muestra como un hermoso planeta de tamaño mediano y de color azul

- Presenta una atmósfera con un 21% de oxígeno, y su superficie está ocupada en un 70% por agua.
- La distancia de la Tierra al Sol es suficiente para mantener un clima suave durante el día y la noche.
- Su masa y gravedad han permitido una atmósfera gaseosa, que forma una barrera frente a las radiaciones UV e IR del Sol.
- La imagen nocturna de la Tierra se caracteriza por las alfombras de luces que tapizan las ciudades.

MARTE

Es el cuarto planeta, es más pequeño que la Tierra y de color rojo. Debido a su color, se le bautizó en la mitología con el nombre del Dios de la Guerra, y a sus satélites con nombres como Fobos (miedo) y Deimos (terror)

- Marte tiene su superficie surcada de cráteres, pero destaca, sobre todo, el monte Olimpo, un enorme volcán con una altura de 25 km.
- Su atmósfera está formada en un 95% por dióxido de carbono y, aunque presenta casquetes polares, éstos son de *hielo seco*, es decir de CO_2 no de agua.
- Su temperatura media es demasiado fría, -150ºC, por lo que no parece probable la existencia de vida.

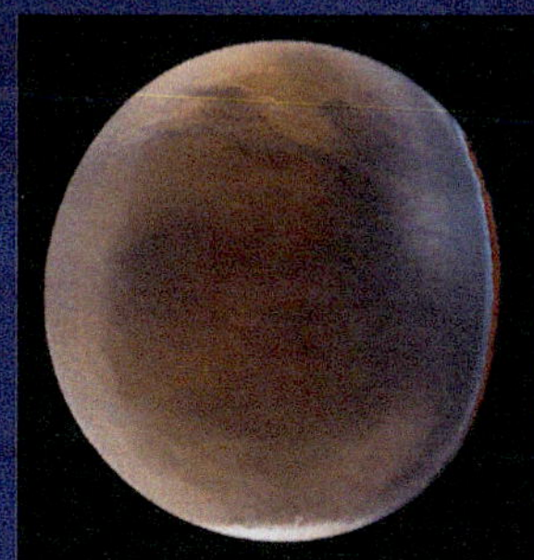

Vídeo de Júpiter

JÚPITER

Fue el primer planeta que estudio Galileo, quien también descubrió sus cuatro satélites principales: Io, Europa, Calisto y Ganimedes

- Tiene una masa 300 veces mayor que la Tierra, pero su densidad es cuatro veces menor.
- Es un gigante gaseoso compuesto en un 90% por Helio, con un pequeno núcleo rocoso.
- Su período de rotación es de tan solo 10 horas, lo que hace que se produzcan grandes corrientes y tormentas en su superficie. La más conocida es la *Gran Mancha Roja*, de 30.000 km. de longitud.

SATURNO

Es, debido a sus brillantes anillos, el más espectacular de los planetas del Sistema Solar. Su satélite principal es Titán

- Es un planeta muy ligero, compuesto por hidrógeno, helio y otros gases como metano y amoníaco.
- Su masa tan pequeña en comparación con su enorme tamaño, hacen que tenga una densidad menor que la del agua (podría flotar en ella).
- Sus anillos están formados por trozos de hielo de diferentes tamaños, y presentan distintas posiciones debido a la variación del eje de rotación del planeta.

URANO

Debido a su lejanía, no fue descubierto hasta que se construyeron buenos telescopios

- Es un planeta gigante verde-azulado que presenta anillos débiles.
- Lo más característico es su inclinación de 98º respecto al plano de su órbita, por lo que parece rodar mientras gira alrededor del Sol.
- Su tamaño es mucho menor que el de Júpiter o Saturno, pero su atmósfera es similar.
- Sus satélites principales son: Miranda, Umbriel, Ariel, Oberón y Titania.

NEPTUNO

Fue buscado por los astrónomos para explicar las perturbaciones encontradas en la órbita de Urano

- Tiene un color azul vivo; presenta en su superficie una gran tormenta, la Gran Mancha Negra.
- En tamaño y composición es similar a Urano.
- Posee dos satélites principales: Tritón y Nereida. Tritón gira en sentido contrario a la rotación de Urano.

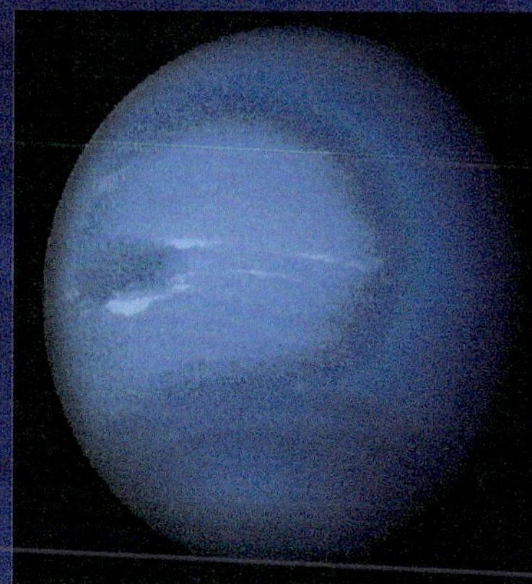

PLUTÓN

Es el planeta más lejano y desconocido del Sistema Solar; no fue descubierto hasta 1930

- Posee una órbita elíptica tan excéntrica que en ocasiones se encuentra más cerca del Sol que Neptuno.
- Es un planeta pequeño, de sólo 2.300 km. de diámetro.
- Su satélite, Charon, mide la mitad de Plutón.

Eje de giro de los Planetas

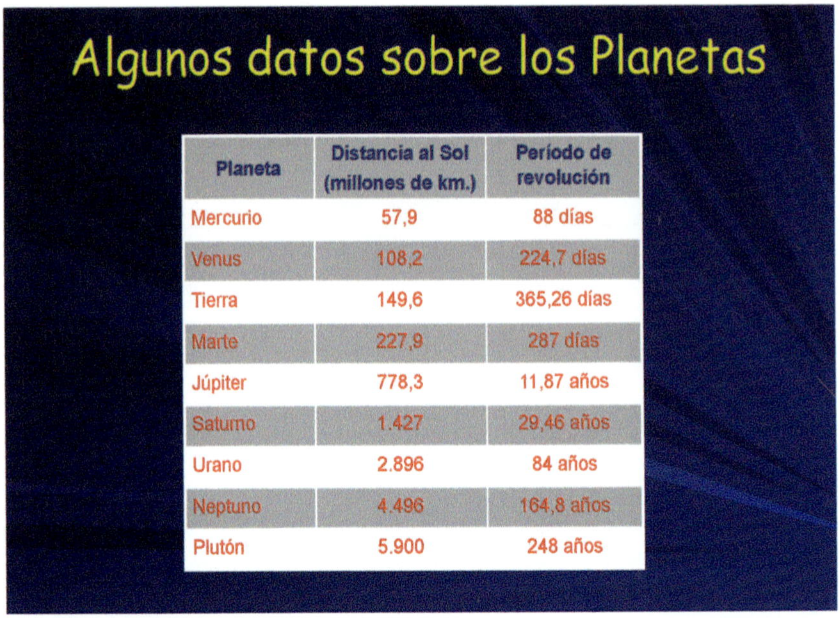

Planeta	Distancia al Sol (millones de km.)	Período de revolución
Mercurio	57,9	88 días
Venus	108,2	224,7 días
Tierra	149,6	365,26 días
Marte	227,9	287 días
Júpiter	778,3	11,87 años
Saturno	1.427	29,46 años
Urano	2.896	84 años
Neptuno	4.496	164,8 años
Plutón	5.900	248 años

ACTIVIDAD 8.7

El objetivo de este ejercicio es que crees la presentación que quieras; eso sí, deberás aplicar obligatoriamente:

- Plantillas (podrás elegir cualquiera de ellas).
- Ilustraciones, sonidos y vídeos.
- Transiciones y animaciones.

Ten en cuenta que las transiciones a aplicar serán:

- Diapositiva 1: Viento.
- Diapositiva 2: Aleatoria.
- Diapositiva 3: Forma.
- Diapositiva 4: Intercambiar.
- Diapositiva 5: Persianas.
- Diapositiva 6: Vórtice.
- Diapositiva 7: Sartén.

Además, algunas de las animaciones que tienen que aparecer obligatoriamente son:

- Dos con efecto de entrada.
- Dos con efecto de énfasis.
- Dos con efecto de salida.

ACTIVIDAD 8.8

Realiza la siguiente presentación relacionada con los animales, teniendo en cuenta que todos los elementos de la presentación deben tener alguna animación y las dispositivas deben tener transición. De la misma forma, en cada diapositiva de animales tiene que haber un vínculo a una web en donde aparezca el animal correspondiente.

Utiliza el Tema llamado «Orgánico» con la «Variante 2». Asimismo, utilizando el Diseñador, aplica la opción más adecuada y que se parezca a la muestra.

DIAPOSITIVA 1

DIAPOSITIVA 2

DIAPOSITIVA 3

DIAPOSITIVA 4

DIAPOSITIVA 5

DIAPOSITIVA 6

DIAPOSITIVA 7

DIAPOSITIVA 8

DIAPOSITIVA 9

DIAPOSITIVA 10

DIAPOSITIVA 11

DIAPOSITIVA 12

Ten en cuenta que en las diapositivas hay errores ortográficos, pasa el corrector después de haber realizado la presentación.

ACTIVIDAD 8.9

Realiza la siguiente presentación relacionada con Aragón, teniendo en cuenta que todos los elementos de la presentación deben tener alguna animación y las dispositivas deben tener transición. Además, deberás introducir un vídeo de YouTube relacionado con las Fiestas del Pilar.

DIAPOSITIVA 1

DIAPOSITIVA 2

DIAPOSITIVA 3

DIAPOSITIVA 4

DIAPOSITIVA 5

DIAPOSITIVA 6

ACTIVIDAD 8.10

Eres el propietario de una academia de baile y has realizado una presentación para darla a conocer. Realízala según lo que puedes ver a continuación, teniendo en cuenta que todos los elementos tienen animación, las diapositivas transición y el fondo de cada diapositiva tiene un color diferente.

DIAPOSITIVA 1

DIAPOSITIVA 2

DIAPOSITIVA 3

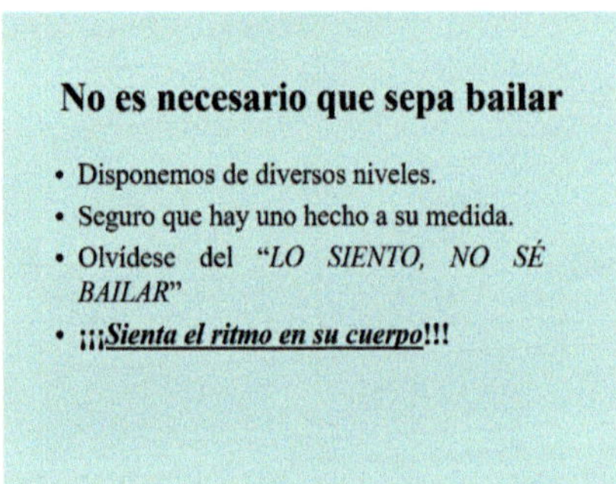

DIAPOSITIVA 4

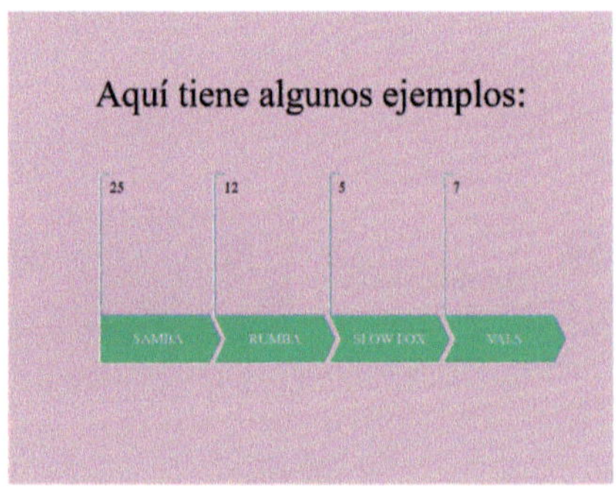

DIAPOSITIVA 5

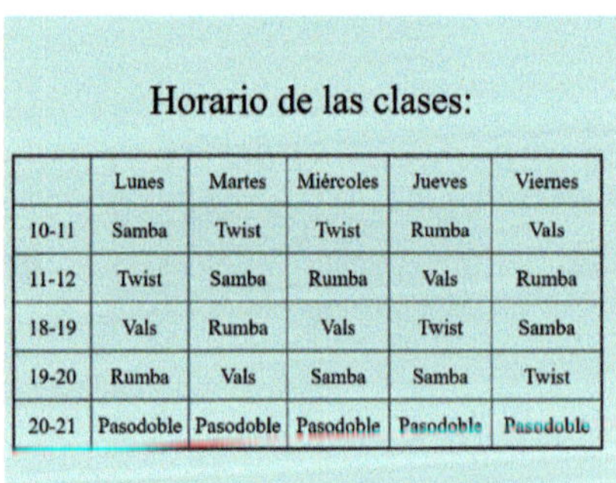

DIAPOSITIVA 6

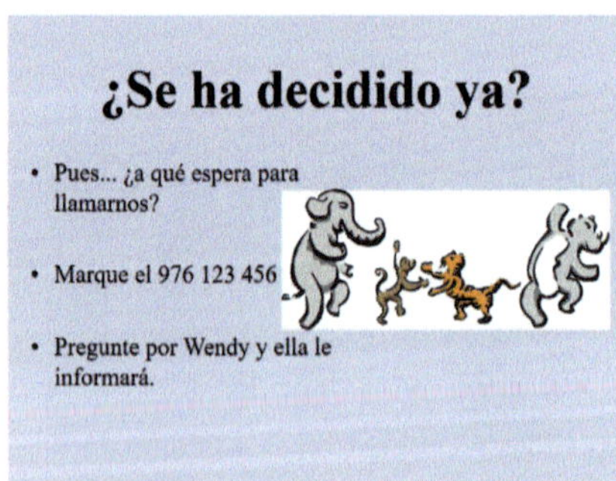

ACTIVIDAD 8.11

Realiza la siguiente presentación relacionada con la Educación Física, teniendo en cuenta que todos los elementos de la presentación deben tener alguna animación, las dispositivas deben tener transición y el fondo es diferente para cada una de ellas.

DIAPOSITIVA 1

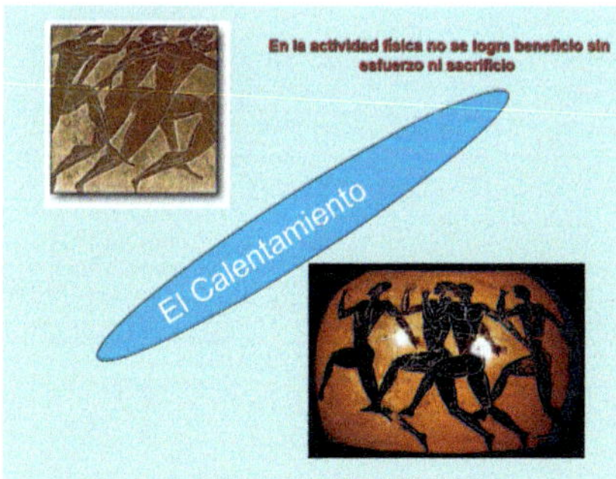

DIAPOSITIVA 2

DIAPOSITIVA 3

DIAPOSITIVA 4

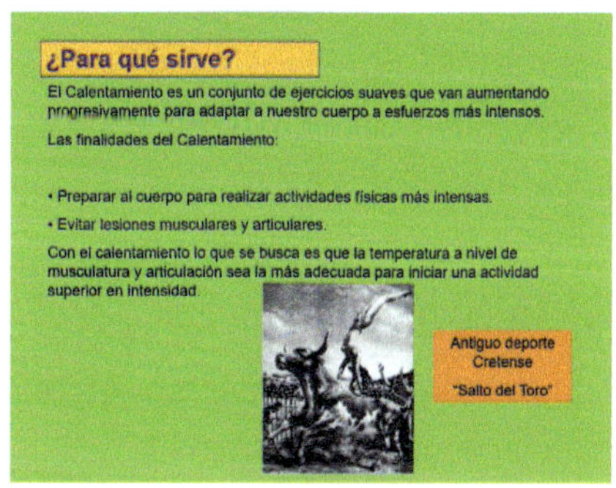

DIAPOSITIVA 5

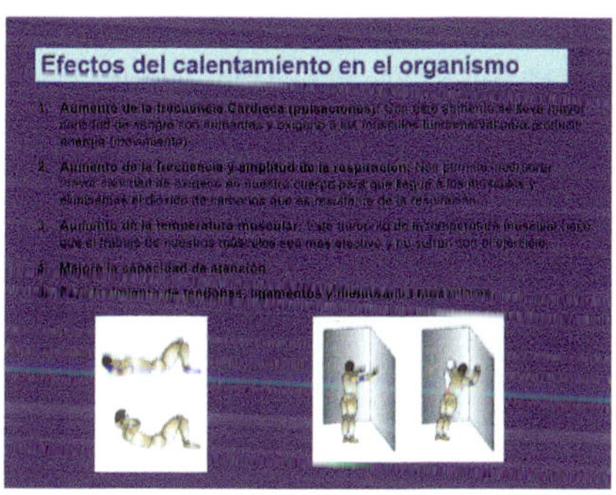

DIAPOSITIVA 6

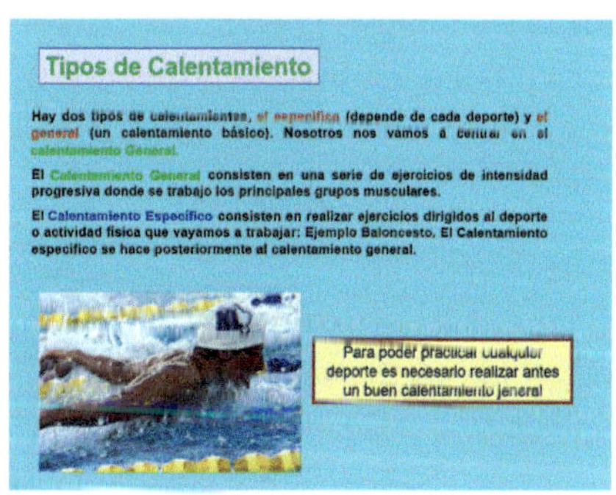

DIAPOSITIVA 7	DIAPOSITIVA 8
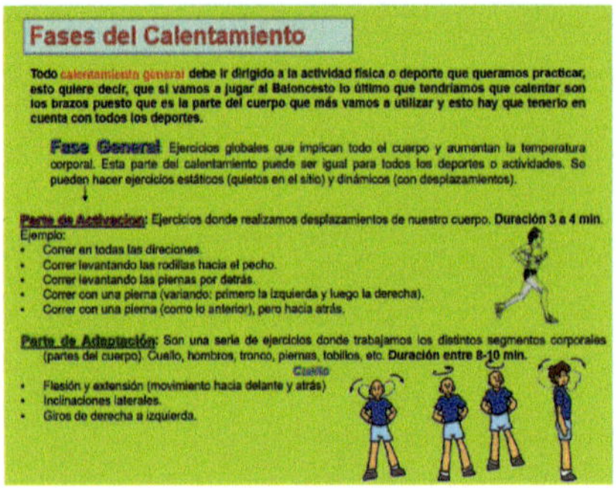	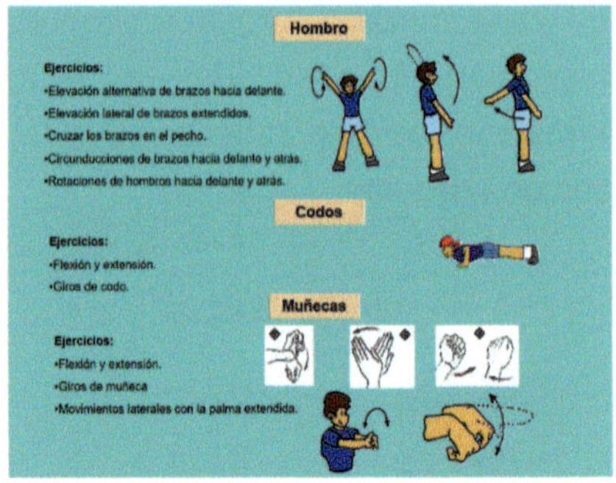
DIAPOSITIVA 9	**DIAPOSITIVA 10**
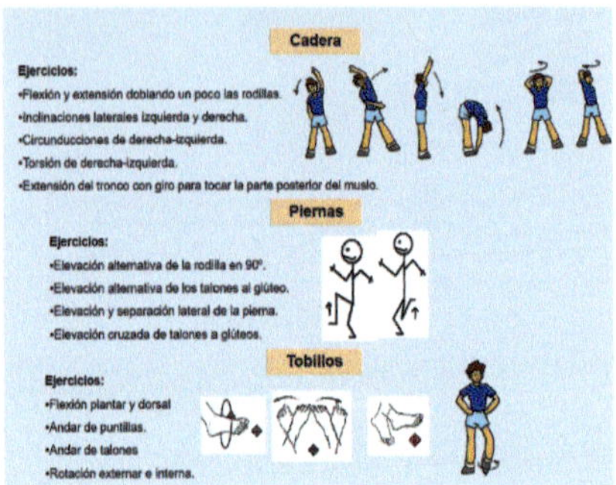	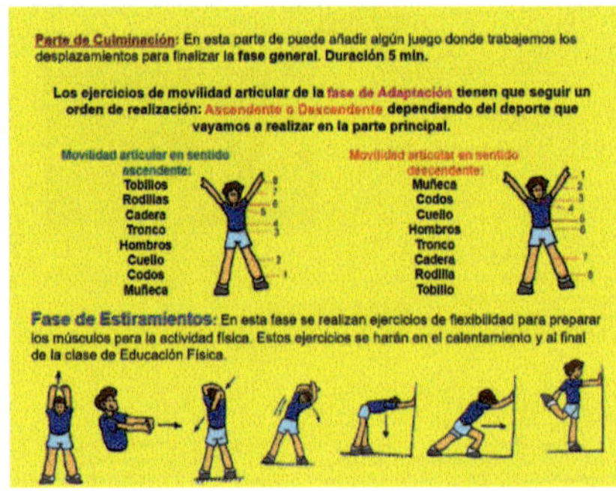

ACTIVIDAD 8.12

Realiza la siguiente presentación relacionada con las magnitudes físicas y su medida, teniendo en cuenta que las dispositivas deben tener transición. Se ha utilizado el tema «Faceta» con la «Variante 2».

Busca las imágenes en Internet, y si hay alguna que no es exactamente igual, no te preocupes, inserta la que sea más parecida.

DIAPOSITIVA 1	DIAPOSITIVA 2
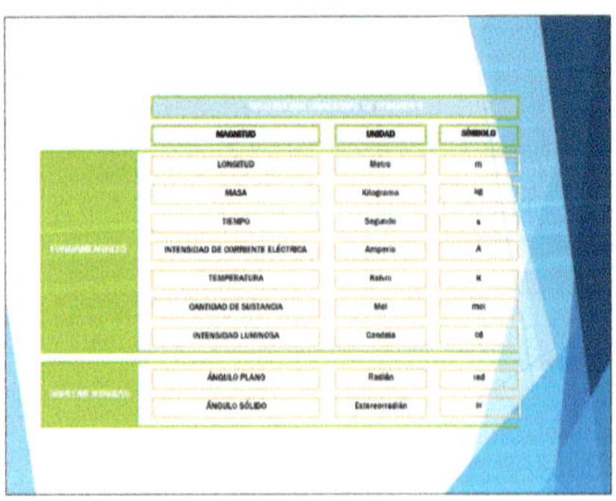	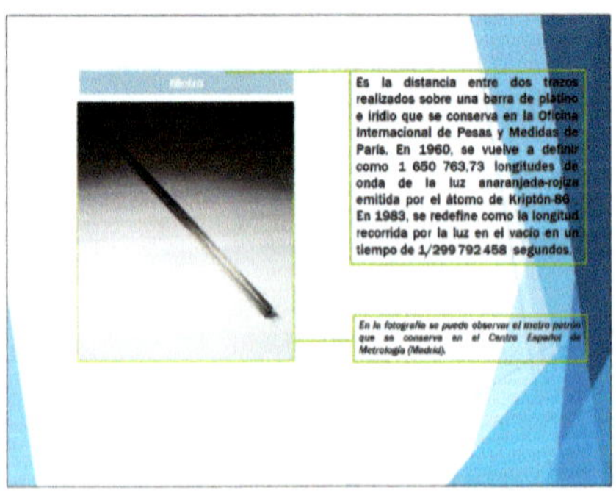

DIAPOSITIVA 3

DIAPOSITIVA 4

DIAPOSITIVA 5

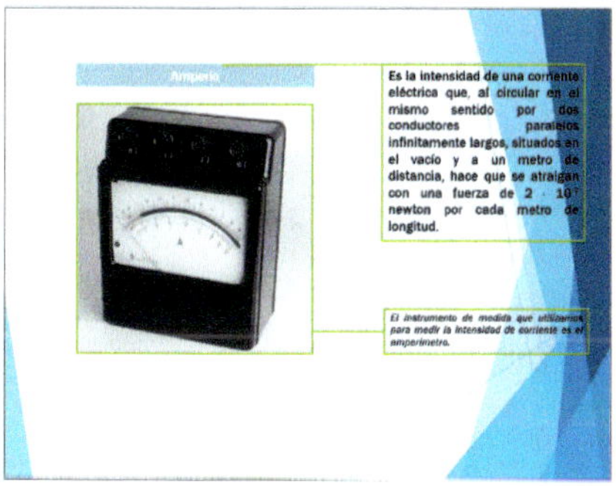

DIAPOSITIVA 6

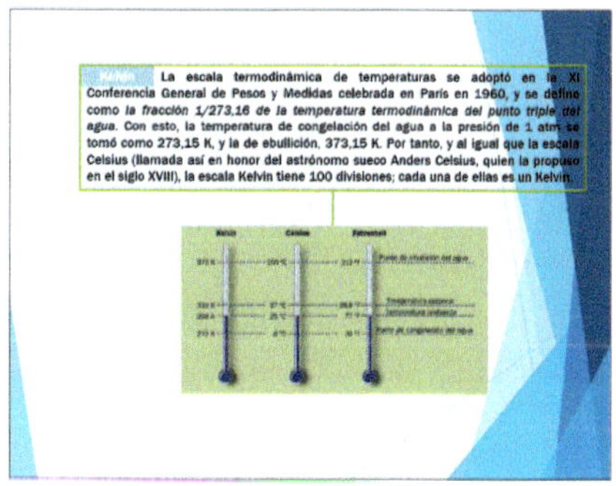

DIAPOSITIVA 7

DIAPOSITIVA 8

DIAPOSITIVA 9

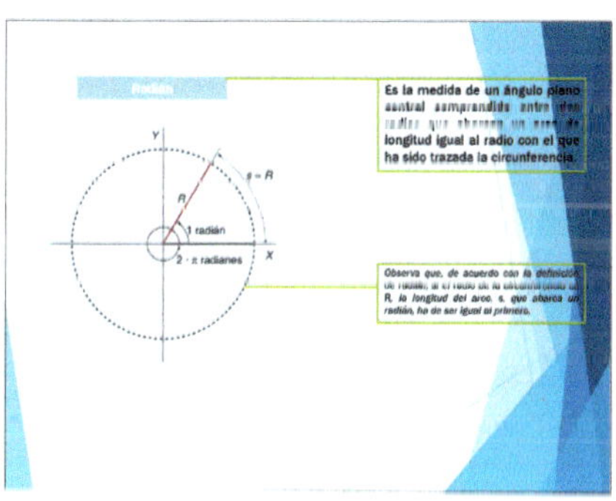

DIAPOSITIVA 10

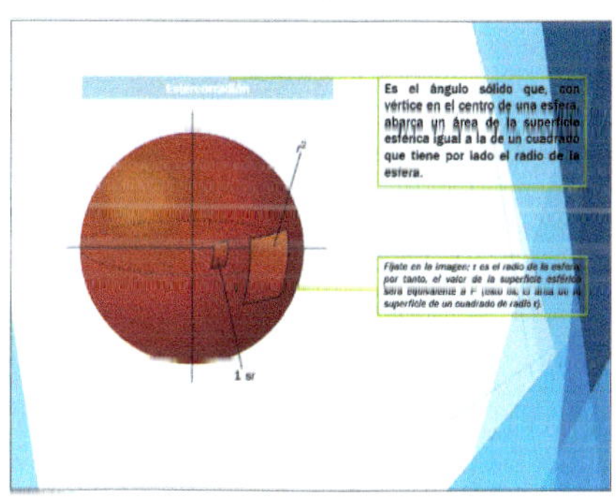

ACTIVIDAD 8.13

Realiza la siguiente presentación relacionada con la geografía y el clima de España, teniendo en cuenta que todos los elementos de la presentación deben tener alguna animación y las dispositivas deben tener transición.

Si no encuentras una plantilla como en la que se ha realizado la actividad, no te preocupes, utiliza cualquier otra.

DIAPOSITIVA 1

DIAPOSITIVA 2

DIAPOSITIVA 3

DIAPOSITIVA 4

DIAPOSITIVA 5

DIAPOSITIVA 6

DIAPOSITIVA 7	DIAPOSITIVA 8

DIAPOSITIVA 9	DIAPOSITIVA 10

DIAPOSITIVA 11	DIAPOSITIVA 12
	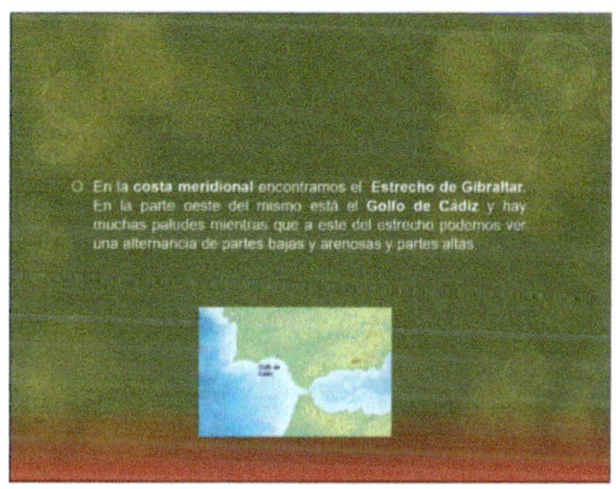

DIAPOSITIVA 13	DIAPOSITIVA 14
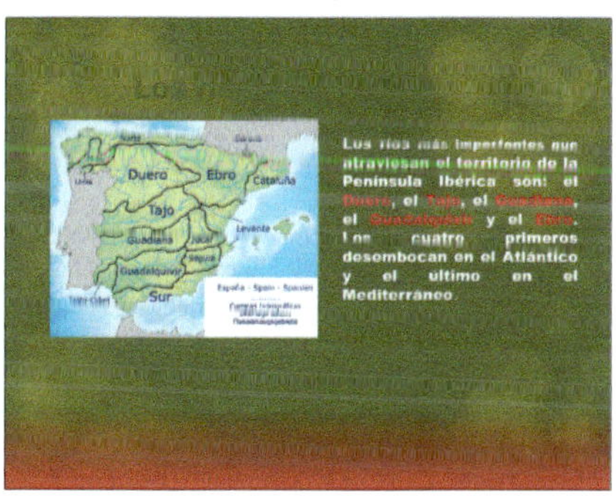	

DIAPOSITIVA 15

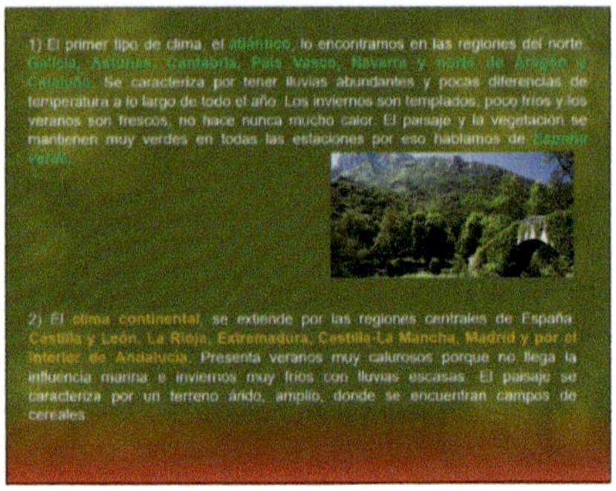

DIAPOSITIVA 16

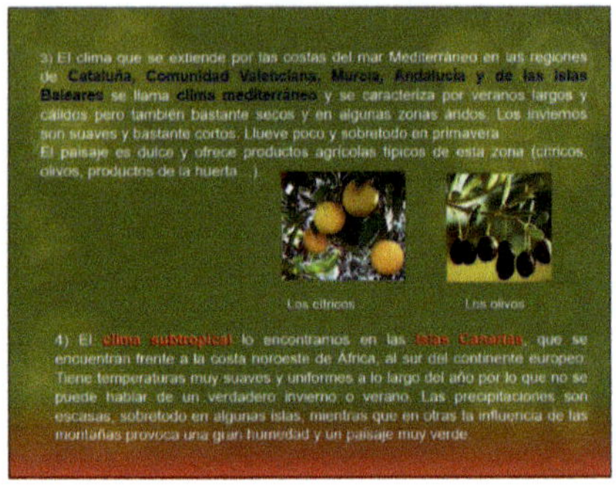

ACTIVIDAD 8.14

Realiza la siguiente presentación relacionada con los animales vertebrados e invertebrados, teniendo en cuenta que todos los elementos de la presentación deben tener alguna animación y las dispositivas deben tener transición.

Utiliza el tema «Espiral».

DIAPOSITIVA 1

DIAPOSITIVA 2

DIAPOSITIVA 3

DIAPOSITIVA 4

DIAPOSITIVA 5	DIAPOSITIVA 6

DIAPOSITIVA 5

DIAPOSITIVA 6

DIAPOSITIVA 7

DIAPOSITIVA 8

DIAPOSITIVA 9

DIAPOSITIVA 10

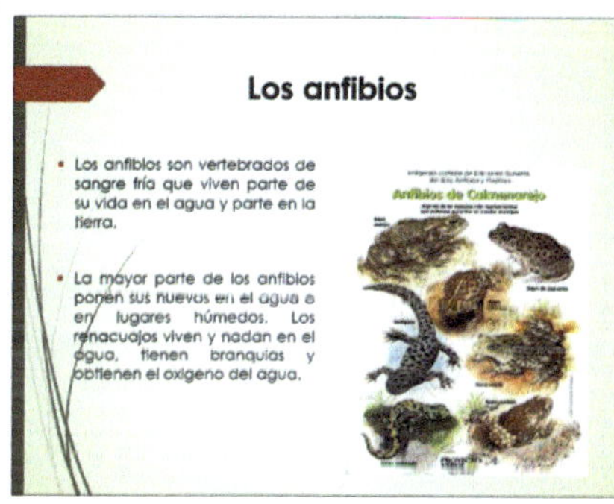

DIAPOSITIVA 11

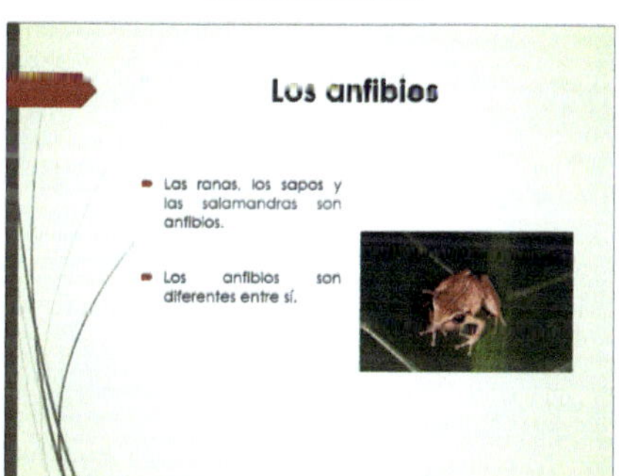

DIAPOSITIVA 12

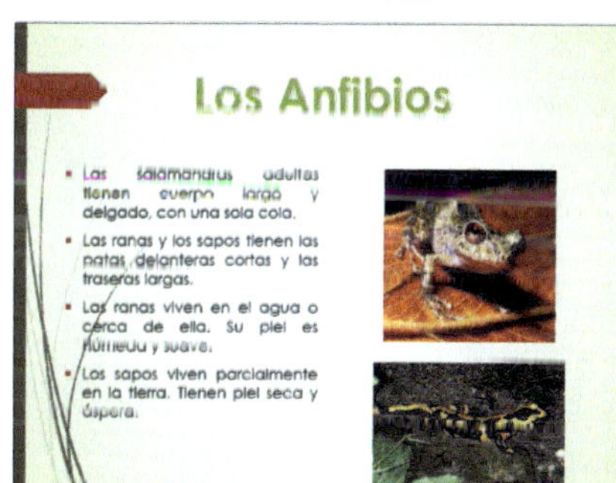

DIAPOSITIVA 13

DIAPOSITIVA 14

DIAPOSITIVA 15

DIAPOSITIVA 16

DIAPOSITIVA 17

DIAPOSITIVA 18

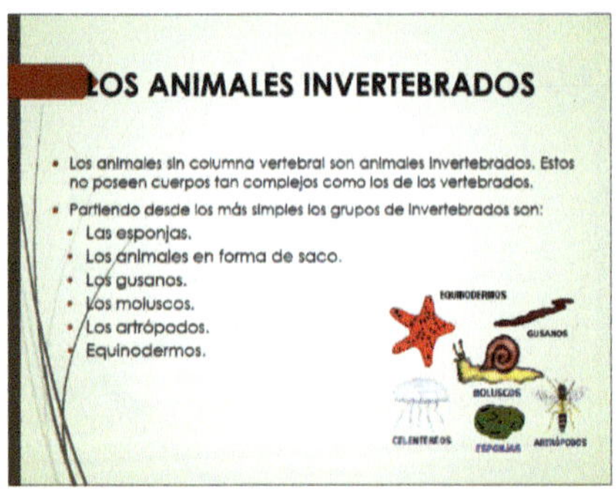

DIAPOSITIVA 19

DIAPOSITIVA 20

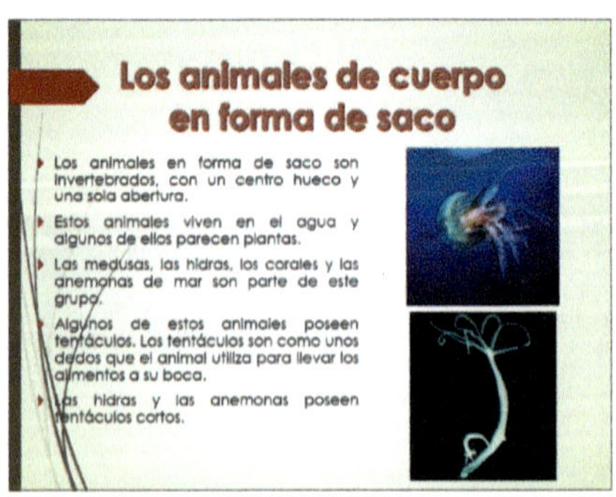

DIAPOSITIVA 21

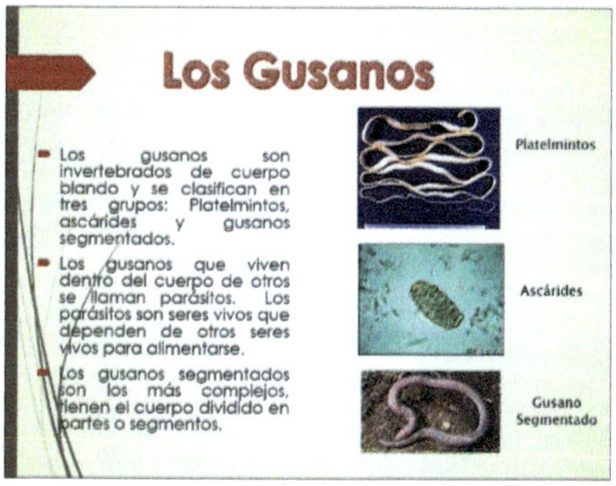

DIAPOSITIVA 22

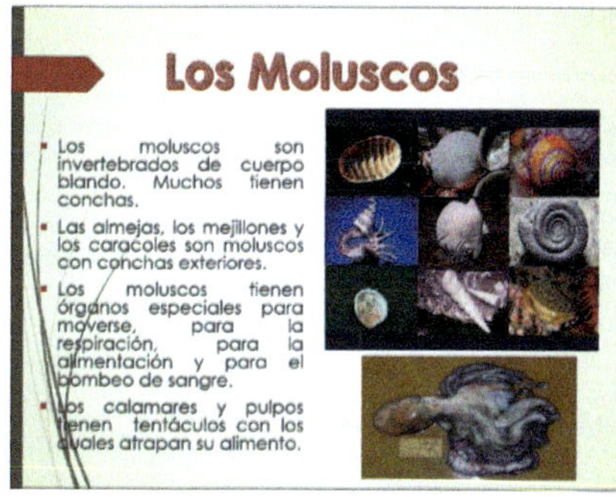

DIAPOSITIVA 23

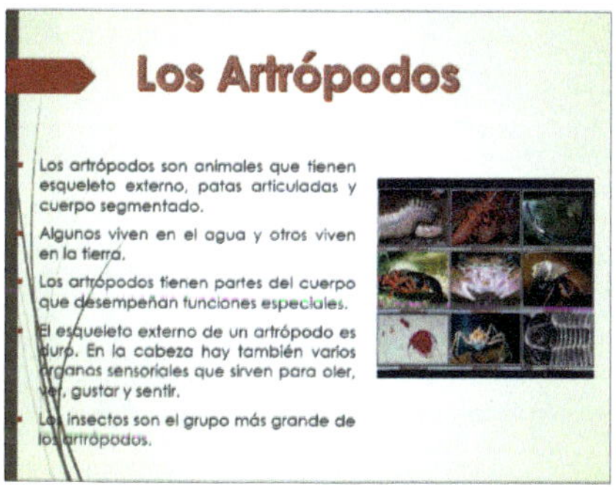

DIAPOSITIVA 24

DIAPOSITIVA 25

ACTIVIDAD 8.15

Realiza la siguiente presentación relacionada con la Fórmula 1, teniendo en cuenta que todos los elementos de la presentación deben tener alguna animación y las dispositivas deben tener transición. El tamaño de la diapositiva será pantalla panorámica (16:9).

En el logo de cada escudería, utilizando el Diseñador, aplica una de las opciones que te proporciona.

Al comenzar la presentación, y durante toda ella, tendrá que sonar una canción. ¡Elige la que más te guste!

ACTIVIDAD 8.16

Realiza la siguiente presentación relacionada con la vida saludable, alcohol y tabaco, teniendo en cuenta que todos los elementos de la presentación deben tener alguna animación y las dispositivas deben tener transición. Los dos vídeos que hay son de YouTube.

DIAPOSITIVA 1

DIAPOSITIVA 2

DIAPOSITIVA 3

DIAPOSITIVA 4

DIAPOSITIVA 5

DIAPOSITIVA 6

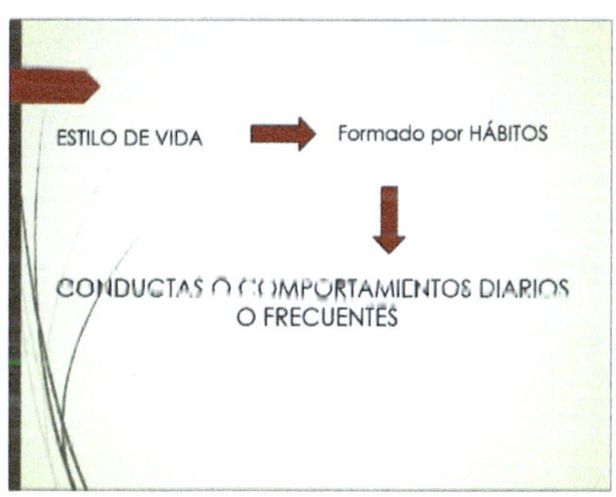

DIAPOSITIVA 7

DIAPOSITIVA 8

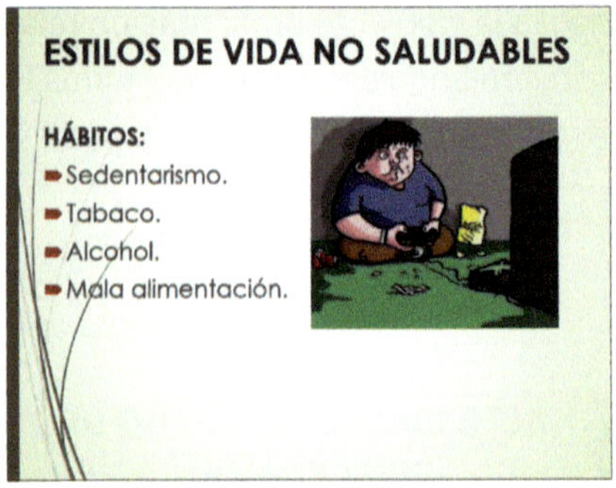

DIAPOSITIVA 9

DIAPOSITIVA 10

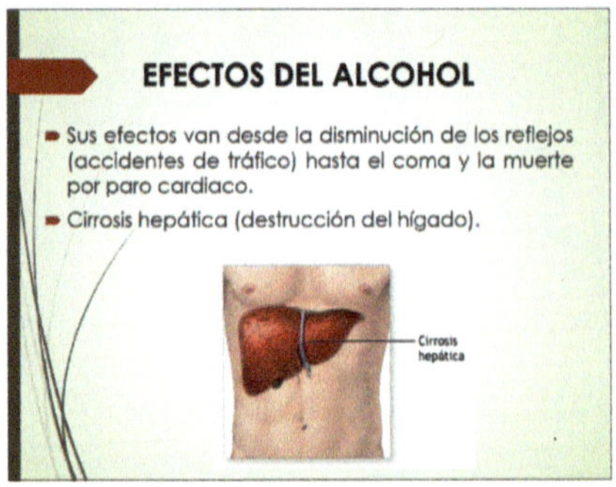

DIAPOSITIVA 11

DIAPOSITIVA 12

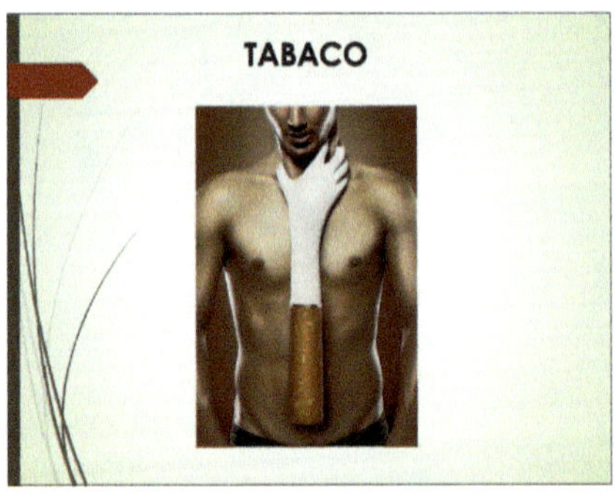

DIAPOSITIVA 13

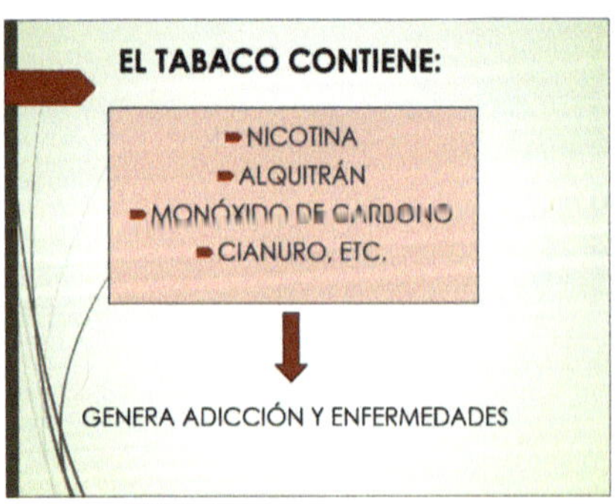

DIAPOSITIVA 14

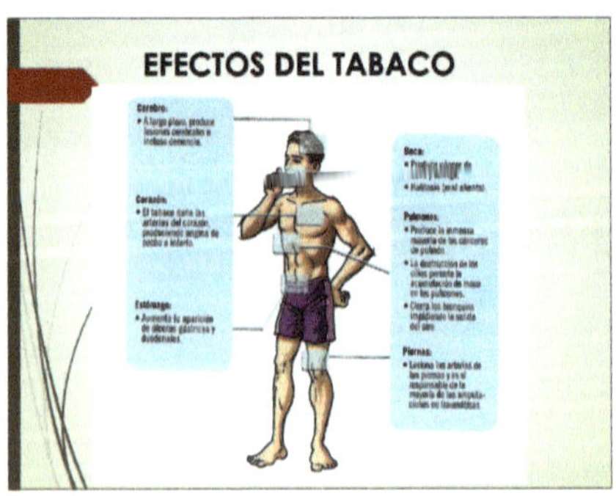

DIAPOSITIVA 15

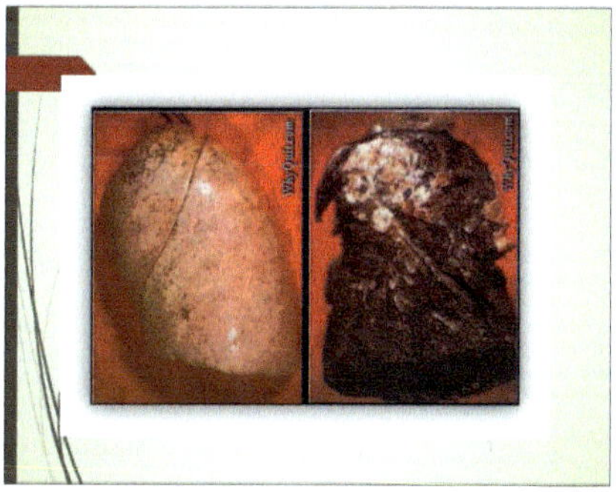

DIAPOSITIVA 16

DIAPOSITIVA 17

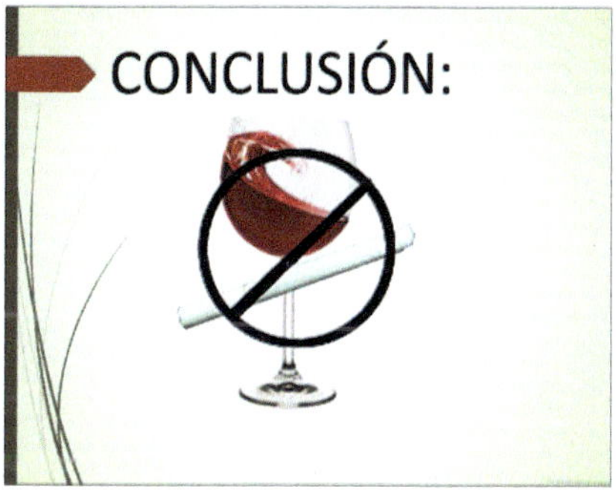

DIAPOSITIVA 18

ACTIVIDAD 8.17

Realiza una presentación y compártela a través de Teams con tus compañeros, que previamente habrás dado de alta en un Equipo llamado «**Compartiendo Teams**».

Ten en cuenta que para poder llevar a cabo esta actividad es preciso que tus compañeros pertenezcan a la misma organización.